Money錢

Money錢

從菜雞到常勝軍 連贏70個月！

當沖畢勝

啟示路

超完備當沖指南

順流小畢 —— 著

推薦序 / 一步一腳印 十年投資路 —— 自由人 freeman 李堯勳　006

自序 / 走在當沖啟示路　008

Part 0
走上專職投資路
015

Part 1
別成為股市待宰的肥羊
047

1-1 快錢能賺 只看你開不開竅　048

1-2 贏家與輸家的 9 個差別　051

1-3 小試身手 從多少本金開始？　055

1-4 金額再小都有問題 別輕易違約　059

1-5 成為贏家前 先知道在玩什麼遊戲　062

Part 2
初出茅廬 帶上錦囊　　069

2-1 現股當沖的基本介紹　　070

2-2 股票沖不掉的幾種可能　　080

2-3 做多？放空？多空雙做？　　083

2-4 高價股 vs 低價股 當沖該怎麼選？　　088

2-5 一次專注一檔操作 還是多檔操作好？　　091

2-6 我不是玩一玩或上班 是來創業的！　　097

Part 3
看懂盤面 打底練功　　101

3-1 看盤別慌張 走勢與線型不是密碼學　　102

3-2 線圖看不懂？學會判斷多空走勢　　107

3-3 兩種輔助線的使用與技巧　　113

3-4 漲跌的重要關鍵：價量關係　　127

3-5 想要攻？先會守！　　134

3-6 別牽一隻羊 掉一頭牛　　137

Part 4

進階技巧 提高勝率　　143

4-1 多空交戰 小心被套牢！　　144

4-2 你怎麼想？市場怎麼走？反市場思考　　149

4-3 被甩之後 才是最美！　　152

4-4 相對強弱 比一比　　156

4-5 等待最困難 卻是最必要的技巧　　171

4-6 你以為賺到了？還是你賠更多？　　176

Part 5

掌握要訣 打造贏家方程式　　183

5-1 制定好交易計劃 行情變動再快也不慌亂　　184

5-2 一致性交易　　187

5-3 選擇與決定　　196

5-4 2 種模式 挑出當沖好股票　　204

5-5 盤中即時選股策略　　210

5-6 早盤、中盤、尾盤 操作策略各不同　　219

5-7 實戰案例分享　　　　　　　　　　227

5-8 盤後檢討 讓經驗持續堆疊　　　　237

5-9 用績效調控下單部位　　　　　　　240

Part 6
贏家心法　　　　　　　　　　　　245

6-1 做個紀律交易者 讓停損像呼吸一樣自然　246

6-2 讓獲利奔跑　　　　　　　　　　　252

6-3 專注「對」的事情　　　　　　　　256

6-4 積極、不心急　　　　　　　　　　261

6-5 贏家的最後一哩路　　　　　　　　267

後記 ／ 小畢交易座右銘　　　　　　284

附錄 ／ 讓順流小畢—獵股快手助你當沖順利！　286

一步一腳印 十年投資路

「自由大！可以幫我的書寫一篇推薦序嗎？」手機另外一頭，小畢這麼問我。

思緒回到 10 年前，自由人在某次的講座上遇到小畢，課後小畢很認真地問我許多交易上的問題，當時他正處於交易的瓶頸期。

還記得當時他跟我說已經專職交易選擇權的賣方策略 6 年了，每年雖都獲利，績效卻因本金無法大幅擴大停滯不前，每年跟上班族差不多就是賺個生活費，卻多了留倉的風險。之後我們常有聯絡，有一次的下午茶中，小畢說，他再給自己 3 個月的時間，如果績效還是沒有大幅提升，可能會考慮先找一份更穩定的工作。

2014 年正值股票期貨成交量開始成長，我建議他放棄選擇權賣方中性策略，轉而交易百元以上的股期短線當沖，並且勤做筆記與檢討！

轉眼間 10 年過去了，小畢已經發展出屬於自己的交易系統，積

累出自己的交易心得！交易從股期當沖跨足到現股當沖，甚至開發出其他的交易策略，讓績效更平穩，一步一腳印，只有筆者與走過的人才能體會！

書中完整記錄小畢這 10 年來交易歷程與想法，「交易」這條路很難走。

在交易的初期你需要的是熱情；在交易的十字路口你需要停下來，靜下心好好思考，是否該放下或是轉型；在走到交易的盡頭時，緩緩回首，我得到什麼？又失去了什麼？

小畢認真地用 10 年的時間，走出屬於自己的交易之路。如今他寫出這本交易書籍，由淺入深，傳達自己對於交易的理念！希望讀者也能從書中去感受小畢的用心，好好領悟他的交易之道！

自由人 freeman

李堯勳

作者序
走在當沖啟示路

記得在 2006 ～ 2007 年間，人生第一次下單前懷著忐忑的心拿起電話，撥打著營業員專線，因為分秒必爭，所以講話盡量精簡：

小畢：「O 小姐，帳號 OOOOO，台指期貨 XXXX 點，買進多單一口！」（掛電話）

過沒幾秒電話聲響，營業員回電。

營業員：「謝先生，回報：已買進台指期貨 1 口，成交在 XXXX 點。」（匆促掛電話）

接下來，我的心情就隨著螢幕上的 K 線上下起伏，時而緊張、時而興奮，但通常是緊張大於興奮，最後再失望地撥出專線請營業員幫我「停損」。

當網路下單開始普及後，不用透過營業員了，自己可以直接閃電下單快速買賣。

於是某天我從原本操作 1 口小台指期貨，到做錯反手翻單變 2 口，

再錯又變 4 口、8 口、16 口，我只是單純覺得：用這樣的「倍數翻單法」只要對一次，之前的虧損就能全部賺回來了！不過部位越大、停損只敢放更短，當我發現手上有 32 口小台指期貨時，已實現及未實現的虧損已遠遠超過原本自己設定「日虧損停單限額」的 20 倍（1 天賠掉 20 天的停單金額）！

Gosh！這樣我還能再反手 64 口下去嗎？

不行！不行了！我的心裡很清楚，再這樣操作下去真的會爆掉，而且保證金也不足以支撐這麼做下去！

當停損完後，頭皮感到一陣發麻，全身都在發燙冒汗！

小畢跟大多數的人一樣，既沒有在金融業內工作、也不是什麼財經相關科系畢業，剛開始進到股市前什麼經驗都沒有，是個連股票、期貨都沒買過的小白；但我覺得自己的優點是對有興趣的事物會很用功學習，所以在學了很多知識技巧後覺得應該是可以開始賺錢了。

但實際下單後，在上下波動的行情中，好像只是一次又一次手足無措地「停損」作收；縱使偶有獲利也像是向市場借放的，因為過一陣子它又被拿回去了。

就這樣一下賺、一下賠、繼續找聖杯的循環，也不知道問題在哪裡？也沒有認識真的能賺錢的贏家，只能每天繼續「埋頭鑽研」家裡上百本的金融書籍，以及看著電視上好像很神的老師教學。

當時聽到期貨商大力推廣「台指選擇權」，初期很多人都覺得這

個商品很複雜，但是當小畢耐心了解後，反而對它操作策略的多變、跟需要搭配行情「排兵布陣」的操作方式深感有趣。透過自己土法煉鋼摸索學習，發現如第 0 章：＜誰要賠錢？＞中分享的心得以後，我開始以資金控制跟風險控制為主軸，操作賣方策略連續獲利 6 年有餘。為了更專心操作，逐漸沒有多餘的心力繼續服務原本自己經營公司的客戶，而想把公司轉讓出去。

雖然操作選擇權可以獲利，但是天天都要留倉 1,000 口上下，我還是很嚮往當沖擁有不用留倉的優勢，所以每年都花費 40% 的選擇權獲利來練習做當沖，只是這動作就像是個錢坑一樣，一直都學不會。

2014 年 2 月 22 日參加自由人堯勳哥的台指期貨課程，開啟了我們之間的緣分，在一次的下午茶中，他建議我試著從「個股期貨」選標的來做當沖。從沒買過一張「股票」的我，就這樣開始研究股票的衍生商品。

當時個股期貨每天的成交量都很少，算是期貨類的「藍海」市場，場內只有一些散戶跟造市的程式單參與，而期貨程式單只會依照股票「集合競價」5 或 10 秒 (註*) 的撮合結果出來後才有動作，所以只要盯著股票的「5 檔」及「成交明細」、並預測下個 5 或 10 秒的方向，先卡位「逐筆撮合」的個股期貨，對了也走、錯了也砍，就這樣每天

---

* 2014 年 2 月 24 日：盤中集合競價，撮合秒數縮短至 10 秒。 2014 年 12 月 29 日：盤中集合競價，撮合秒數縮短至 5 秒。2020 年 3 月 23 日：盤中逐筆交易。

來回往返數十趟、數百趟的操作。

因為期貨的交易成本很低，我發現只要能紀律維持這樣的步調執行停損、停利，把勝率維持在 50% 多一些，甚至每次看對時能多抱單一次撮合（5 秒或 10 秒）的時間讓獲利增加，每個月的帳戶就一直是正報酬的，甚至隨著經驗持續成長。

時至今日，雖然現在的操作手法已經不會這麼簡單，商品也從個股期貨轉到現股，但將近 10 年的時間小畢除了休假旅遊或有要事外，我不會錯過任何一天能當沖賺錢的機會。

自由人堯勳哥無疑就是我在當沖交易的啟蒙貴人，小畢非常感恩他。

2020 年全世界的新冠疫情（COVID-19）大爆發，大量的工作崗位都改成在家工作，因著這個新的形勢，當沖頓時成了全民的淘金運動！在這短短的 2 年間，聽到不少的少年股神崛起新聞，但隨著 2022 年的空頭行情，又聽到不少因此殞落的悲傷故事。

當沖，對很多人來說就是有種魔力，每天在網路上總會看到很多能早早獲利下班的對帳單，甚至台灣因為買賣股票不用當天交割的特性，一度給人一種不用本金就能進場廝殺、賺價差的錯誤觀念，而風險往往就是在這些錯誤的認知跟不明白中發生。

原本出版社跟小畢討論要把這本書定位在給「小資當沖新手」的入門書，但小畢覺得「當沖」週期很快，如果對想當沖的人只給出初步的建議似乎沒有太大的意義，畢竟交易的觀念一旦不正確、操作稍

有失誤，市場就會要交易者用「賠錢」作為代價；更何況當沖的週期，如果不是「高周轉獲利」，就是「高周轉陣亡」了！

所以最後我還是決定盡可能用我能表達的方式，分享自己這些年在交易上覺得重要的方法及心法。尤其在「心法」部分，當在市場上越來越久，對市場的本質理解越深、認識的贏家越多，就會發現：所有能在市場上生存的贏家，對交易「心態」的重視是遠遠優先於「方法」的！

方法可能會因為各種因素需要做調整或改變，但交易的心法或態度卻不會因此而不同；正確的心態才能帶我們度過每個大小的順逆交易期，還不僅止於當沖這麼短的週期而已，「波段」以上同樣都適用。

要完成這本書對我來說實屬不易，交稿期限也一延再延。因為對小畢來說每天收盤後，最優先要忙的還是得放在檢討自己的交易跟行情蒐集上，而在寫這本書的 2022 ～ 2023 年間，行情相對前幾年也有不小的改變，所以小畢著實花費不少時間在原策略的校調及新策略的開發上，最後只能透過僅剩的時間挑燈夜戰，將這一路的經歷逐字逐句、累積成冊。

這本書名為《當沖畢勝啟示路》，是小畢的太太幫忙取的，我很喜歡這個書名，因為這本書記錄了自己從一個標準輸家開始，透過自我覺知及調整始能逐步邁向獲利的過程；也由淺入深地分享了小畢在市場上操作的核心方法及心法。內容或許不能保證對所有人都適用，但小畢如實是這樣經營這個深愛的事業至今的，而我深信未來依然能

這樣一直經營下去。

　　希望這些分享的內容能帶給大家一些交易上的啟發跟「啟示」，
無論當沖或波段都一樣！

　　　　　　　　　　　　　　　祝大家事事圓滿順利

Part 0

走上專職投資路

每個人都是從新手開始的

走上專職投資路

▶▶ 1.【投資的緣起】

出生在小康家庭的我從小就想要創業，總覺得跟上班領固定薪水相比，創業才有機會獲取更多的收入，進而掌握時間的自主權。

大學在因緣際會下開始有機會擔任美國上市公司的產品顧問及講師，因為資訊的專長陸續承接越來越多的案子，自此開啟了我接案做生意的生涯。而這輩子從來沒有打工經驗的我，至今唯一上過 1 個月的班，就是當時的客戶窗口突然因故閃電離職，但是接下來客戶還有一連串急迫的產品上市記者會跟經銷商訓練接踵而至，於是在這職務空窗期，客戶端總經理就臨時請了當時對所有產品線最熟悉的我，來協助補位 1 個月的產品行銷經理職務。

大學二年級時我就決定，在畢業前要多留下 1 個選修學分延後畢業，這樣才能晚點被徵召入伍，繼續維持跟客戶的合作關係，最後把大學讀了不能再久的 7 年才畢業。沒有顯赫的家庭背景，也沒有任何

家庭資金的援助，24 歲成立資訊公司白手起家，每天持續接進一個又一個的大小專案，也開啟兩點一線日以繼夜的忙碌生活。

每天晚上 10 點回到家後，累了一天只想邊吃晚飯邊看綜藝節目放鬆心情，但媽媽的電視頻道總是轉在嚴肅的股票財經節目。媽媽在股市操作很保守，雖然感覺有賺錢，但在我看來都只賺到小小的買菜錢，並沒有大賺的感覺，當時的我覺得財經節目很枯燥，自然沒什麼特別的興趣，回家我還是喜歡看有娛樂效果的綜藝節目。

雖然當時公司的業務蒸蒸日上，我能提供給客戶的服務範圍越來越廣，員工也慢慢一個個增加，但說真的公司經營越大，就越要分神處理技術專業以外的事情：管人、管事、管談判、管合約、管貨款、管票期……等等大小事情，要考量的環節也越來越多。對我來說雖然很享受設立目標後完成的成就感，但對於這麼多細瑣的庶務真的不是很擅長也不喜歡。

在一次跟高中最好的同學聊天過程得知他在做台指期貨，而且看他當時似乎也還做得不錯，每天下午收盤後都沒事就到處亂晃，也到處吃著山珍海味，感覺生活挺愜意的，雖然當時我不太知道期貨是什麼，但也心生好奇想了解一番。後來發現就跟買賣股票一樣，只是不用像股票一般要研究很多公司財報或什麼經濟面、基本面的東西（以我當時小白的認知買賣股票要研究這些），而當時聽到的概念似乎是買賣台指期貨就等於一次買賣全台灣的股票一樣這麼簡單，所以只要

能看準未來大盤要漲要跌，直接去買賣期貨就好。

仔細想想這種不斷尋求低價買進、高價賣出時機的模式，不就跟做生意的低買高賣很像嗎？重點是決策跟執行的過程可以更快更有效率，而且就算決策錯誤只要「一秒鐘」就立刻能停損了，還不用管這麼多雜事，賺的錢似乎也沒有比較少，自此讓我開始跟金融交易這領域結下了不解之緣。

▶▶ 2.【我的交易聖杯在哪裡？】

對於不是財經科系畢業、不是金融業內出身，對股票操作完全不懂的股市小白來說，當時踏入股市要抓到交易的核心跟重點是挺有難度的，我當時除了去書店買進上百本財經書籍回家鑽研外，站在書店看的書更是超過百本以上。另外每天收盤看著電視上的老師們似乎各個都很厲害，都有獨門的「神奇指標」能掌握「主力大戶」的動向，讓會員們抓到好幾支的漲停板，台指賺到數百點的大行情，選擇權翻了幾倍又幾倍，所以對於當時在尋找交易聖杯的我實在是頗具吸引力，每天收盤電視一台又一台的轉，看看能不能從中聽出些端倪，試圖找到一些聖杯的蛛絲馬跡。

在那個時期，「指標」似乎是大家看盤的主流，我也跟苦尋聖杯的散戶一樣，覺得對基本面完全一無所知的我來說，從技術指標切入是個既簡單又快速的方向，除了把幾十個指標學會怎麼使用外，甚至

把每個指標從公式的計算、指標原理都來回徹底研究。

在某個農曆年假間我突然心血來潮，想找看看有哪兩條移動平均線黃金交叉買進、死亡交叉賣出的績效最好，於是開始土法煉鋼的著手寫程式回測，花了很久的時間寫好程式，也終於找出 2 條過去史上績效最好的「神奇參數」均線，心想接下來照著做，就一定能開始獲利了吧？

可想而知，照著神奇參數的均線操作的結果並不如預期！在執行過一陣子後，從帳戶績效不斷回落的走勢就表明了一切。

我依然不放棄，於是又拿了大家熟知的 KD 指標做實驗，教科書都說：

● KD 在 20 以下（超賣區）黃金交叉，就是低檔買進訊號。

● KD 在 80 以上（超買區）死亡交叉，就是高檔賣出訊號。

於是我用當時手上有的資料回測一段後發現，怎麼虧損連連啊？

接下來試著反骨一點回測：

● KD 在 20 以下（超賣區）死亡交叉，就放空。

● KD 在 80 以上（超買區）黃金交叉，就買進。

反而還比書上「理論」的作法更好耶？

進一步去細看這些點位，通常就是發生趨勢讓指標「背離鈍化」的地方，所以在投機來說「買低、賣高」或許一部分是對的，但在趨勢行情出現的時候，「買高、賣更高」、「空低、補更低」似乎還更

有效率、績效更優。

至今我依然沒有透過找出「神奇指標」或「神奇參數」來獲利，但是因為這樣的研究過程讓我發現，金融市場很多聽到、看到、認為理所當然的事情，都可能會因為我們認知有限、不適用，或甚至有謬誤，導致跟最後想賺錢的結果有落差，所以最後都還是得靠自己實際的測試來查證。

如果當時沒有經過自己走這麼一遭，到現在我可能還是會一直朝著找出「哪一個指標比較好？哪個神奇參數做短線比較準？」的方向出發，對於交易的「本質」反而會嚴重失焦。

▶▶ 3.【我真心喜歡這件事嗎？】

無論做什麼事情，如果對事物本身缺乏「熱情」的話，通常在日復一日的例行公事中會開始覺得枯燥乏味，也會逐漸失去堅持下去的動力，如果無法從中獲得「成就感」，又遲遲找不到「樂趣」，自然就會想把目標轉移到能讓自己實質或心靈能有所獲益的地方。所以如果對一件事物既沒有熱情，過程中也無法找到樂趣，甚至還會產生一堆挫折又不想放棄的話，肯定會是煎熬又痛苦的。

跟大多數的散戶一樣，小畢開始交易單純都是為了「賺錢」而來，雖然偏保守的個性不至於讓自己有一次下單就爆賠的畢業狀況出現，但操作方式也是不得要領。一下靠 A 指標，發現不靈以後又換 B 指標，

又不靈以後只看著價格跑動，心想：「盤感」是靠每天不斷看盤練習鍛鍊出來的，就一直靠「感覺」用追漲殺跌的方式下單。每當看到小虧損就說服自己：「現在的虧損只是因為還沒練成當沖，只要保持小虧不大賠，戲棚站久了終有一天會練成！」

當每天收盤統計今天又「小虧多少」，看著紀錄的績效走勢，一直朝右下角延伸發展，說真的怎麼會不洩氣？小虧累積變中虧、中虧累積變大虧，績效沒有反轉跡象，找不到交易要領，信心在過程中不斷被打擊抹滅，心態也從剛開始的每天期待著隔天開盤找賺錢機會，變成每天一下單就開始擔心收盤後帳戶又要虧損多少。這樣的心情轉變真的是如人飲水、冷暖自知，很煎熬，時間也越來越漫長，到最後用痛苦來形容也不為過！「還要多久才能練成操盤？」說真的，我並不知道！

雖然我很想在交易上獲得成功，但也知道這樣下去勢必無法長久，就算真的可以在交易上獲得成功，如果在成功前心態先崩了，也撐不到那時了。假使目前短時間無法改善績效狀況，至少也要從中學到些什麼，如果學不到什麼，最起碼也要從中找到些樂趣才有價值，否則執意要走交易這條路的結果，可能比帶著錢去賭場撒錢娛樂還不如，因為去賭場就算結果一樣是把錢輸個精光，至少還有些娛樂價值，心情還不會這麼痛苦。於是我開始思考，交易這件事除了想賺錢外，還有沒有其他能讓我從中獲得樂趣的可能性？

我很愛看《三國演義》相關類型的故事，從中可以看到各個國家及各角色間運籌帷幄的角力過程，無論在智力、武力、外交……間的對戰都發人省思，也會期待接下來的發展。

有天在看盤的過程中，我突然覺得與其天天都忙進忙出猜多猜空，倒不如就把每天開盤的漲跌看成「兩軍（多空）對戰」吧，如果能用看戲的心態來觀盤，娛樂性增加，壓力就不會這麼大了！接下來在看盤的過程似乎也開始有些「靜觀」的收穫，而不是每天慌慌張張的看價格跳來跳去，任由情緒潮起潮落！

這階段雖然還無法穩定賺到錢，但著實開始讓我重新拾起看盤的樂趣，每天我又開始期待開盤了，不是因為有賺到多少錢，而是期待著看到今天這場多空對戰的「連續劇」會怎麼發展？而這種每天期待看盤的心情也一直延續至今，每天也都像在看一場永遠沒有結局的連續劇。

▶▶ 4.【有錢就能任性？】

2007 年金融海嘯前，我認識一位年約 50 多歲的朋友，他從美國退休，帶著約台幣 1,400 萬元的退休金及美籍的老婆、小孩返台定居。他在美國是做工程的，返台後想著還有大半輩子要活，手上的千萬現金也不能閒置任由通膨侵蝕縮水，就想要靠投資股市來賺錢。他連怎麼開戶都還不知道，知道我每天在看盤下單期貨，於是就問

我該怎麼做。

　　說真的當時小畢自己也還是新手，只是每天當沖台指期貨比他多了很多次下單小賠的經驗，所以就跟他說：「投資不要心急，先學習一下，閱讀些投資書籍充實自己後再看怎麼開始，這樣也比較保險吧」，他說：「好」就離開了。

　　（過了兩個星期接到他的來電⋯⋯）

友　「我買了 N 張的 XXX，現在被套牢了該怎麼辦？」

　　我很驚奇！

畢　「你不是之前連戶都沒開，怎麼現在已經買那麼多張XXX的股票了？」

友　「我就路過一家證券公司直接去開戶，接著問營業員哪檔股票最好，就聽他的建議買了！」

畢　「你買了多少金額？」

友　「已經買 1,100 多萬了。」

　　這時我看了一下股票報價，他已經虧損超過 100 萬元了，而且股價正從高點反轉，似乎也沒止跌的樣子⋯⋯

畢　「你這樣壓力會不會太大啊？有需要減碼一些嗎？」

友　「可是現在賣出就虧了耶，不然我再看看好了～」（掛電話）

　　（過了幾個月，我又接到他的電話了～）

友 「怎麼辦？我又被套了，你可以教教我現在要怎麼做嗎？」

畢 「又被套了是什麼意思？你上次有減碼嗎？」

友 「沒有啊，上次我們掛電話後股價就繼續跌，我看更便宜就用融資再買 400 萬元，可是現在還是繼續跌⋯⋯」

我看一下當時的價位，估算他的帳上已經虧損 300 多萬元了。

畢 「你用融資攤平太危險了吧？你總共的錢就 1,400 萬元還要養家生活，現在光買這檔股票就全押了，真的要減碼一下啦，否則這檔股票看起來都還沒止跌耶⋯⋯」

友 「不會啦，大家都說這檔股票很好耶，以後一定會漲上去啦！我再想一下！」（掛電話）

（某天一大早，期貨都還沒開盤，又接到他的電話～）

友 「我其實 8 點就在你家門口了，但不好意思太早吵你，今天可以跟你一起看盤嗎？我知道你盤中也在下單，不會吵你～」

畢 「ㄜ⋯⋯這麼突然～好吧！」（勉為其難開門讓他進來）

9 點現貨開盤了，我撥空偷偷看一下他手上那檔持股的報價，然後再推估上次他說的買進成本，已經虧損超過 400 萬元了，電視中主播不斷在報導當天各種利空的新聞，整個空間氣氛凝重，他也不發一語，死盯盯地看著他的電腦螢幕。

約莫 10 點，突然發出一聲拍桌子的巨大聲響讓我嚇一大跳，只見他站起來對著螢幕大喊：「我就要看你先倒閉還是我先陣亡！」然後重重闔上他的筆記型電腦，氣沖沖走向大門，又重重甩門離開我家！

（再過了約半年，又接到他的電話。）

友 「我已經聽你的建議，把所有的 XXX 股票都賣掉了，現在我手上資金只剩下不到 200 萬元了，你有辦法幫我用期貨賺回來嗎？」

畢 「我想這 200 萬元，你還是留著好好生活，不要再投入股市了，你還有老婆跟小孩要照顧耶～」

從此我再也沒有接到他的電話，更不知道他後來的下落如何。

常會聽到有人抱怨說：「我只是沒錢，要是有錢的話，我就能……」似乎有錢就一定能賺錢一樣，很多時候有錢是個優勢沒錯，但也經常聽到很多人雖然有錢，但遇到賠錢的時候虧得更快。金融海嘯時期小畢偶然跟某位券商董事長吃飯時，席間聽聞他很擔心公司一位大戶的操作狀況，因為這位大戶已經從 18 億元的身價虧到帳上只剩不到 1 億元了，依此方式操作下去，難保不會從 1 億元虧到只剩 1,000 萬元，從 1,000 萬元虧到只剩 100 萬元……

投資交易大家都想要賺更多錢，但是**風險往往會比獲利更早出現在我們面前**，一旦貪心導致資金、風險控管不良，縱使擁有金山銀山，

在金融市場的洪流中都只是一葉輕舟，而這些小畢周圍朋友的經歷，也是讓我一輩子引以為戒的借鏡。在金融市場中，任何人都只能如履薄冰「謙卑、謙卑、再謙卑」而行，也與大家分享共勉。

▶▶ 5.【誰要賠錢？】

2007 年底台股攻上 9,800 點，只記得當時一直聽到各大新聞台都在報導台股準備要上攻萬點，各券商也都準備好開香檳慶祝這久違的萬點行情。當時對交易還懵懂無知的我，做台指期當沖就跟股市小白一樣，一下看指標、一下又靠感覺衝進殺出。雖然個性算保守沒什麼大虧，但一直不得要領的做也賺不到錢，長期小虧損累積起來也挺可觀的，信心更是被消磨殆盡；當時已經從大台做到小台，剛好聽到期貨商一直在推廣選擇權「買方」很好玩，像是買樂透一樣只需付出點小錢（權利金），就能享受「風險有限、獲利無窮」，本金能翻出幾倍到幾十倍、甚至上百倍的機會！

正當台股上漲之際，我付出 1 萬元的權利金買進 10,300 點的 Call（看上漲），心想只要能賺個 10 倍，之前繳給台指期的學費多少也能賺回一些。後續大家應該也知道結果，就是大盤在創下 9,859 點的波段高點後，就一路下跌到 7,400 點左右，而買進的權利金自然也在這次全數成為泡沫吃了「歸零膏」，金額雖然看似不大，但不切實際的期待，也讓自己的整個交易信心在這次受到重重的打擊！

因為買進的權利金全數歸零了，我心中不禁開始疑惑：「到底是誰？是誰可以在這麼短的時間輕易地把我這 1 萬元全部收走？」想著想著，心中突然出現兩個字：「**對做**」！

對啊，既然我是賠錢的一方，賺我錢的人，不就是思慮跟我相反、做法也跟我相反的人嗎？如果要賺錢的話，是不是只要跟他有一樣的思維及操作模式就是對的方向？

無法知道別人腦子裡想什麼，就先從「**自己**」想起。我會做選擇權的買方，無非就是想：

1. 風險有限（以小）

2. 獲利無窮（博大）

既然如此，為什麼還會有人要去做「風險無限（以大）」卻「獲利有限（博小）」的莊家，賣出選擇權給我呢？

在回顧自己過往的交易後其實可以發現，買方勝率真的極低，想當然爾作為莊家的賣方，看重的便是每次交易的「勝率」了，但「風險無限」怎麼辦？總不可能賺 99 次，1 次就倒莊讓績效全毀倒賠吧？

想著想著，心理突然又出現個聲音，樂透期期都有人中頭獎，也沒見當莊家的公益彩券付不出彩金而倒閉，作為莊家的保險公司經常也會遇到重大理賠金額要支出，也沒見幾家因此倒閉，關鍵因素在哪兒？「**風險控管！資金控管！**」剎那之間，我似乎明白該怎麼做了！

　　從那時候，我開始專注開發以選擇權賣方為主的「期選混合」交易策略，也依照自己風險跟資金控管的目標，撰寫盤中能輔助自己評估風險的程式，開啟往後連續 6 年操作選擇權賣方策略都獲利的生涯。

　　這次選擇權買方的「虧損經驗」對我的交易生涯來說，是很重要的一個轉捩點，看似虧錢了，卻為我往後無論當沖、波段或各種投資交易埋下重要的基礎觀念，只能說這個學費繳的「值得」！

　　在每次的交易失敗中，不要只看重賺賠結果，而是這結果能給自己的未來帶來多大的成長跟進步，這才是重點，**表面看似的失敗不一定是真的失敗，看到的成功也未必代表永遠的成功**，但是如果能從每次的輸贏中獲得啟發，就能看見自己在交易路上一次又一次的成長，而不是一次又一次的挫敗跟無奈。

▶▶ 6.【明天先到？還是無常先到？】

　　2009 年 4 月 29 日（三）當天晚上約 10 點，習慣性地打開財經新聞看一下美國道瓊跟那斯達克等四大指數的跑馬燈，看似一切正常沒有特別的異樣，當跑到「摩根台指期貨」的時候，我突然一驚從沙發坐立起來！有沒有看錯？怎麼跑馬燈上面顯示了「摩台期 ▲1X%」？！這應該是電視台的報價系統出問題了吧？

　　同時間聽到主播的聲音比平常高亢播報著：「金管會在傍晚剛剛發布了 QDII 來台投資的辦法，外界期待已久的開放 QDII 投資終於上

路，下週一起，陸資就可以來台開戶！……」

　　當下我趕快跑到房間打開自己的電腦，想再次確認摩台期報價是不是真的顯示錯了！果真，看著電腦的摩台期漲幅從▲10% →▲12%，又從▲12% →▲14%，似乎還繼續上漲不停止……以當時台股漲跌停板只有 ±7% 來說，這不就代表大盤明天開始的漲幅要有兩支漲停板了？！我的選擇權賣方部位才剛加了一些淨空單（Sell Call），且沒有任何保護……

　　當持續觀察一陣子以後，我覺得應該不是報價有問題，也逐漸接受這事實，接著打開網路銀行，把戶頭內所有的預備金全部入金到期貨保證金的帳戶，走到客廳跟媽媽說：「媽，明天我有一場硬仗要打了！」

　　隔天 4 月 30 日（四）的期貨開盤前，我已經把期貨、選擇權的下單匣全都一字排開準備好，只見 8 點 45 分期貨一開盤就立刻開在漲停價 6,015 點，沒多久就完全鎖住了，而我手上的選擇權 Sell Call（空方）部位也全部出現前所未見的虧損金額。期貨雖然漲停板了，但選擇權還沒有全部漲停，然而可以看到波動率瞬間攀升，導致選擇權一個個履約價都陸續出現軋空到漲停板亮燈的狀況，當下只見螢幕上的滑鼠游標不斷的左右抖動，因為握著滑鼠的右手不聽使喚，我只能試圖用左手壓緊右手盡量穩定滑鼠，也沒時間管帳上虧了多少錢，不斷地把原本的 Sell Call 空單全部停損砍出，並全部上移退

守到當時最高的 6,400 點履約價，這也差不多就是隔天漲停板價位 6,436 點（6,015 x 1.07）的附近。

當天收盤前市場的恐慌似乎有些下降，6,100 點以上的 Call 收盤時並沒有漲停，反而都從漲停板回跌，而我退守賣出的 6,400 Sell Call 空單到收盤後帳上是賺錢的。而隔天又是 5 月 1 日（五）勞工節會連續放假 3 天，心裡想著等下週一重新開盤，或許今天如此高波動的行情就會比較恢復理性跟冷靜，屆時只要波動率收斂，權利金自然也會收斂，到時就可以較有餘裕把部位重新調整、布局。

5 月 4 日（一）開盤前，我依然戰戰兢兢地準備迎戰，只見期貨一開盤，又大漲 348 點（＋ 5.78%）在 6,363 點開出，雖然一開始有碰到多單獲利了結的賣壓，但馬上又朝漲停板鎖上去，而我也在這時不斷加速買進期貨多單避險，並把當月無法再上移的 6,400 Sell Call 部位全數停損砍出，再次把 Sell Call 轉倉退守到下個月的 6,600 點履約價靜待。

5 月 5 日（二）期貨再次大漲 201 點（＋ 3.12%），在 6,637 點開出，最高來到 6,720 點（＋ 4.41%）後開始回跌，我也在這中間做了不少必要的停損、移動、重新建倉的動作。

對於小畢來說，這是一個刻骨銘心的經歷。從金融海嘯以來，黑天鵝（跌停板）看過了好幾回，早就習以為常，碰到多次也都游刃有餘安然度過。但前所未見一連 3 個交易日台指期出現連續的兩隻「白

天鵝（漲停板）」不但讓我遇見了，還身陷在這波驚滔駭浪中。

　　3 天下來，我的帳戶虧損了近百萬，對當時的我來說算是筆不小的金額。雖然 2009 年底的結餘最後還是獲利的，但這次的回吐著實讓整年獲利績效縮水很多，同時也算接受了一個震撼教育。

　　回首看這次的事件，很感謝自己一直以來的保守操作外，同時也是因為有嚴守「風險控管」、「資金控管」及「紀律執行」，才能安然度過這次的危機。

風險控管

　　首先在風險控管的部分，每天無論做了多少留倉，我只在意隔天如果「做錯」方向，遇到漲停板、跌停板時帳戶會「虧損」多少，而不是這次做對能大賺多少。在這樣的前提下，隔天最大的風險已經被確定了，任何交易也在評估後能接受「風險」了才去做。

資金控管

　　接著對於資金控管的部分，縱使選擇權的賣方策略是獲利有限的，我也不會為了賺取更多的獲利跟提高報酬率，而把所有的可用資金全數押入，而是放著必要也足夠的資金，作為未知風險的承擔跟後援，以防當遇到突如其來的必要狀況時，讓自己能有機會靈活應對，而不是因為資金不足最後只能任由部位斷頭而束手無策。

紀律與執行力

　　執行力對於交易來說是必要、更是基本的，進場時該進不進就算

了，頂多是賺不到，而一旦遇到該損不損，只要發生一次就足以讓人重擊，甚至直接從市場中畢業！

金融市場永遠會有新的事件跟衝擊用不同的樣貌出現在大家面前，但無論出現多大的事情，絕對要讓自己想辦法遵照紀律執行，而不是靠著一時的情緒反應，目的就是讓自己能在市場「存活」下去，留得青山在，才能有再一次的機會。

小畢一直以來都秉持著：寧可少賺，也不要讓自己陷入束手無策的地步。因為我知道一個定理：「**無常才是常態！**」所以縱使出現看似極好的機會也不太會重押出手，而這樣的態度跟操作風格或許看起來缺乏爆發力，但我只知道自己是熱愛交易的，縱使三不五時會經歷各種「無常」，但我希望每天都還是能在市場中「如常」地進行交易。

▶▶ 7.【捨！得！】

2014 年以前，我的主要獲利方式是選擇權賣方為主的期選混合策略，從 2008 年金融海嘯開始經歷大大小小波動已經連續 6 年的獲利，但本金不大獲利也有限，每月的收入大概比一般上班族好一點點，但每天期權的留倉常態性在千口上下，所以半夜不時會醒來看一下美股的狀況再回去睡。

當時自由人堯勳哥應某期貨商邀約，在台北辦一堂帶狀的課程，

所以每週都要來台北一趟，那陣子只要下午一收盤，他就帶著操盤室的徒弟們從宜蘭上台北，到台北後也會打電話找我跟老婆出來吃下午茶，交流心得。

堯勳哥知道我主要靠期選混合的交易很久了，雖然持續獲利，但正面臨十字路口的抉擇。我雖然知道繼續用這樣的方法獲利可以再擴大收益，但期貨選擇權是保證金制度，所以必須要再擴大保證金才能辦到。然而只要操作資金加大，心理的壓力多少會同步放大，這並不是我喜歡的；找親友增資的話，又像是老闆要對金主們負責，我更是不願意，所以相當猶豫。

堯勳哥　「你有沒有想過資金越滾越大，要是有天不慎失誤了，想再重新站起來需要多少資金？」

畢　「我有認真想過，要是資金越大，一旦失敗要再重新站起來的機會就很低了，所以一直很猶豫是不是要再這樣打上去。」

堯勳哥　「那你有想過『當沖』嗎？」

畢　「當然有啊，只是我一直找不到要領，其實每年選擇權賺的錢，大概都有 40% 都拿去當台指當沖的學費了，但說真的就是一直燒錢，完全沒有什麼起色。」

堯勳哥　「我們期貨當沖客具備的是一種『用小錢賺大錢』的能力，優點是假使某天真的跌倒失敗了，只要再給我 5 萬塊，過一陣子我依然

能再翻出 10 倍、100 倍、1,000 倍的獲利！但如果一開始就需
要大額的操作本金，只要不慎失敗想重新站起來，可能光要籌足
翻本的資金就是一大門檻了！」

「或許你可以回去考慮看看『當沖』這個方向，如果覺得台指期當
沖太難，可以考慮從『個股期貨』這個商品來試試看。」

（又過了一週的下午茶）

畢　「你考慮得怎麼樣？」（堯勳哥碰面問我的第一句話）

堯勳哥「堯勳哥，我知道今天碰面，你一定會問我想怎麼選擇，所以收盤
前我已經把留倉的 1,000 多口選擇權都砍倉了！這樣以後我盤中
也不用一邊要顧選擇權一邊又分心當沖，我決定試一試！個股期
貨當沖要是 3 個月還沒做起來，我就再重新回去做選擇權的賣方
操作！或是考慮找個固定領薪的工作，或許還比現在賺更多！」

　　放棄原本能讓自己持續獲利的機會成本真的很高，但也因此從那
天開始，我盤中就更專心觀察個股期貨的跳動，而這「破釜沉舟」的
決心也讓自己更注意每個行情細節，尤其是在盤中隨時「**覺知**」心裡
任何一個起心動念，並依照心理的起伏做出該有的調整。沒想到從第
2 個月就開始獲利了，接著持續依此調整，開啟往後每個月的獲利常
態，第 1 年我的獲利是原本選擇權操作的 2 倍多，自此之後那個當沖
帳戶至今也都只有出金而沒再入金過了。

▶▶ 8.【你做的 我們也都做了】

某天台指期呈現狹幅盤整，一下A轉一下又V轉的，直到尾盤才出現一波比較大的下殺走勢，但我早盤光被巴來巴去就吃損吃飽了，想當然爾，尾盤就算看到下殺也不敢再下單了，結局當然是虧錢收場。

收盤後堯勳哥就來電：「我們已經到老地方了，你今天下午會過來嗎？」我說：「當然會，我收拾一下就立刻出門！」

臨出門前老婆提議：「今天做得這麼不順，不如我們把1分K印出來，當面請教堯勳哥跟其他高手們是怎麼做的吧？」於是我們就帶著印好的K線圖赴約了。

碰了面等大家點好餐，我迫不急待把今天標示好進出點位的圖拿出來請教堯勳哥，想知道在這些進出中是否漏看了什麼，或是看法哪裡有錯。

只記得當下堯勳哥跟高手們看了一眼，然後對我說：「你做的點位我們也都做了啊！」

畢	「所以今天你們也虧錢嗎？」
堯勳哥	「沒有耶，就一直耐心等到後面那段一出現，最後一把就把前面的失土收復了！」

接著大家就沒再看過那張走勢圖，開始天南地北的閒聊跟盤勢一點也不相關的話題。

雖然當天小畢也沒有聽到堯勳哥跟高手們分享是怎麼進？怎麼出？盤中看什麼？（說真的通常聚會大家也都是在閒聊其他的生活瑣事）但在短短對話中讓小畢印象深刻的就是「耐心等」以及：「他們都做了我沒做的！（尾盤行情）」

輸贏的差距似乎不僅只在對行情的判斷正不正確，更多時候是在合宜的交易輸贏次數中，該等則等、當做則做，而輸贏的結果往往也就在這之間立刻顯現！

▶▶ 9.【當沖賺錢 無關多空？】

開始專注當沖後，小畢也開始每天固定在網路上分享自己當日的對帳單跟交易心得，為的是希望透過這管道督促自己「盤中別亂下單」，也藉此想記錄一下自己的交易過程，在這時期透過網路交流，也開始在網路上認識了一些交易的同好跟高手朋友們。

跟幾位朋友們組了交流群組後，每天閒聊過程大家偶爾也會分享當天的戰況跟交易了哪些標的，所以當盤後大家發現彼此「同車」還一起賺到錢的時候也挺有趣的，頗有英雄所見略同的成就感。

某天盤後，高手 A 分享當天在 XXXX 股的獲利對帳單，高手 B 也應聲附和「同車＋1」。

高手 A 「你放空嗎？」

高手 B 「沒有耶，我做多啊！」

高手 A 「Soga，那貼一下點位來參考一下。」

　　正當兩位高手朋友貼出帳單後，大家赫然發現，兩位的買賣方向相反，但是成交點位跟時間點卻是一模一樣的……

高手 B 「看這交易明細怎麼感覺是……你丟我撿啊～」

高手 A 「真的耶，你今天這檔賺錢嗎？」

高手 B 「對啊，今天這檔還賺不少！」

畢 「我＋1，今天這檔我也賺錢耶，看時間點位似乎也有跟你們『換手』過幾趟！」

　　頓時大家有個共同疑問，群組內的我們在這檔無論做多或做空都有賺到錢，那今天誰在這檔賠錢了？

　　當沖交易真的很有趣，價格只要有上有下產生波動，交易者擬定好自己的交易計劃並紀律執行，振幅足夠就都有賺錢的機會。

　　至於賠錢的會是誰呢？

　　似乎會落在「沒計劃、沒策略、沒耐心、沒紀律……」的交易人身上了。

總而言之，如果想長期在市場存活，基本的原則要遵循，明顯的雷區就不要再去踩。

▶▶ 10.【有辦法繼續走下去？】

依稀記得 2015 年的某天，當天賠了不少，在我的定義來說（當日虧損達平均日獲利的 3 倍）算是大賠的一天，所以整天心裡都覺得悶悶的。對於當時的我來說，雖然已經連續獲利 1 年以上，常態的月獲利也達到 6 位數了，這樣的虧損金額也不是第一次，說實在沒什麼大不了的。我也知道接下來的幾天只要出手更謹慎，大概 3、4 天就可以賺回這些虧損，但終究當天就是賠比較多，悶悶的說不出所以然，這時心裡突然冒出個聲音：「雖然現在可以一直獲利，但我能一直這樣，每個月都持續獲利下去嗎？」

我想這應該是身為一個「專職交易者」心中最常出現的自我提問。

當天晚上洗澡時，回想今天每筆交易並沒有失控的行為，似乎是今天行情的必然結果（操作方式不適用在當天的行情），最後虧損的金額也是在自己當日風控的範圍內沒有超過，如果一切都在計劃內，會悶的原因當然就只是心理無法接受交易中「虧損」的這個面向。

這時突然也想通一個道理，當心理只能接受賺錢，卻厭惡虧錢的話，只要有這種喜惡之分，那麼心情就會因為「賺、賠」不同的結果而起伏不定，然而「賠錢」在交易生涯中不可能完全避免，這樣我的

心情不就每天都要因此而起伏不定？

　　不！這不會是我要的生活跟結果，也不會是贏家的心態，如果我想長期交易、也熱愛交易，愛就要愛它的「全部」，同時接納交易過程會產生的所有面向跟帶來的結果，這樣我才可能在交易上做得夠長、夠久、夠遠！

　　至於交易的全面包含什麼呢？「**獲利**」、「**虧損**」都是已知，似乎還要接受在策略範疇中的「**獲利回吐**」，所以要能真心接受所有會發生的面向，才能讓自己在每一筆交易當中心情保持穩定。

　　而我在交易過程要做什麼呢？盡量練習用更高的格局來看每筆交易，專注在「策略」 跟「紀律」 的執行及不斷調整上，如果能做到這樣，剛剛上述 3 項似乎也只是最後的結果罷了！

▶▶ 11.【什麼樣的成功 才算成功？】

　　相信每個人對成功的定義應該都不一樣，其中長期賺錢就是多數人認定的標準，但在某個情境下，我知道成功不僅止於賺到錢而已！

　　小畢媽是小畢初期在交易中最大的支持者，這份支持不是給多少錢來支持，而是那種對兒子真心的信任跟關愛。雖然當她知道我要開始專注當沖的時候是有些疑慮的，多少也有些擔心，因為她覺得當沖短進短出風險很高，而且環顧周圍的親戚朋友中，也沒聽過有人靠當沖可以長期賺到錢的，做波段還多少有一些，話雖如此，但最後也只能支持。

　　初期我每天的獲利目標只設定賺 1,000 ～ 2,000 元，一旦虧損觸及 5,000 元就停單，為了讓小畢媽能夠安心，所以我每天收盤無論賺賠，都會把對帳單傳給她看。每當她看到虧損的金額超過 3,000 元以上時，就會為我感到心疼怎麼虧這麼多？我會跟她說：「不要擔心，我會賺回來的！」

　　經常在盤中下單時，也會有心態歪掉的時候，但只要一想到待會兒收盤還要傳帳單給小畢媽看，就會即刻收手不亂搞，對小畢來說這算是個自我警惕的保險吧，所以就算當天交易不順，也不至於有太過脫序的大賠行為。

　　從每天賺賠幾千，到第一次傳給她獲利超過 1 萬元的對帳單，小畢媽說：「太不可思議了，竟然真的可以靠當沖日入萬元？」接下來每天收盤，她反而開始好奇小畢今天戰況如何，就會主動傳訊息來問：「今天的戰績好嗎？」

　　當獲利逐漸變大，虧損金額自然也會同步會變大，所以第一次傳出當天賠 3 萬元的帳單給小畢媽時，當下她雖然震驚，但發現過幾天小畢又賺回來了，就這樣來回幾次，久而久之也就習慣了。

　　直到有天傳出張當天獲利 10 萬元的對帳單給小畢媽時，她久久都沒有回覆訊息，於是小畢打了通電話問她是否有看到？小畢媽的回答是：「有啊，看到當下就頭皮發麻啊，也不知道要說什麼，只是覺得太不可思議了，當沖真的可以賺這麼多？」

　　接下來小畢媽就只會偶爾關心小畢當天的賺賠，直到某天小畢突然

想到小畢媽大概 3 個月都沒來關心了，就問說：「媽，你怎麼這麼久沒有關心我是賺是賠啊？」媽媽很淡然的回答說：「啊每天不就都這樣（賺錢或賠錢），就算賠了，每次一下子又賺回來了，有什麼好問的？」

當從小畢媽口中聽到這句話時，姑且不論小畢曾經賺賠多少錢，至少我知道，小畢媽是真的不擔心了。做交易本來就是想讓自己跟自己關愛的家人過得更好，而這所謂的更好除了實質獲利外，還有更多地方值得我們關心，包含：自己、家人、健康、心理……各方面。不該僅僅用賺錢與否來論定成功，能讓家人在自己還沒成功時少一分掛心，也是種成功！

▶▶ 12.【交易這麼久 我學會的是？】

對於交易的人來說，總是希望有天能專職自己當老闆，擁有財務跟時間的自主權，但說真的「創業維艱」，當老闆真的是不容易，需要有更大的能力來承擔更多的事情，在交易上也是如此，而在交易中想透過「當沖」的方式成功，更是難中之難！

對小畢來說，從大學開始至今的工作經驗就是經營公司，以前還在經營公司的時候，我會定期追蹤各種業務的成長、衰退狀況，也經常會分析比對各業務的成長曲線跟評估發展潛力，同時還要考量當時競爭對手對自己公司的競爭性跟衝擊性，並預估客戶未來的發展方向，綜觀後決定接下來公司的人力及各種資源要怎麼安排分配在各個

專案上,以因應未來多變的市場及客戶需求。

　　當開始交易後,因為也把交易當成事業的一環,自然也習慣性地像公司一樣的經營,盤中盡可能像在尋找公司的潛在業務機會一樣,觀察市場各面向並做出紀錄,設法找出一些有機會的訊息進而歸納驗證,並擬定出一些交易策略。當開始執行後,試著去追蹤原來假設的獲利機會是否有辦法一一實現或出現偏離,並在分析後做出後續的調整。久而久之會發現,市場模型或波動可能會有週期性或是其他因素導致的質變(例如:環境改變、參與者改變、制度改變……),所以並不是某種僵固性的方法或某種模式就能長期一以貫之,像是一台印鈔機源源不絕地印出鈔票一樣。但是如果真心想長期在市場生存下去,就得要培養出在每一時期的市場變動中,有重新找到波動「慣性」跟「機會」的能力,如此才有機會再從中找到新的出路!

　　在市場賺錢的方法不就是「買低賣高」這麼簡單?但是每個不同的高低波動中,贏家勢必對市場有更多**敏銳觀察**、**發現機會**、**開發創新**及**調整錯誤**的能力。

▶▷ 13.【轉型跟抉擇】

　　從高中時期電腦才剛開始普及的時候,小畢就每天面對電腦螢幕不間斷地練習寫程式,成立資訊公司後,每天花費更多時間在接案子跟撰寫程式上;等到開始極短線交易後,更是上午盯著5檔報價跟成

交明細，下午就維護自己寫的看盤程式，長期下來每天用眼的時間總是超過 16 小時。

不可否認，任何一個人無論年輕時多健壯，到了一定的年紀，身體各方面就是會陸續開始走下坡，以短線交易者來說，「眼睛」的變化應該是最能明顯感受到的。雖然每天盯著盤、看著 K 棒跳來跳去做出買賣決策真的就像打電動一樣挺好玩的，過程也著實能為自己賺到生活費，但我心想：「總不能一直用這種盯著盤做極短線的方法到 60 歲吧？」

既然心中出現這種危機意識的想法，就必須未雨綢繆，甚至要考慮「業務轉型」的階段。隨著年紀從 3 字頭到超過 40 多歲以後，我也強迫自己的當沖手法從原本的 Tick Trade 慢慢拉長成做一波、再從一波慢慢進化到日內波、再到隔日沖或波段持倉。每個轉型的階段，對自己來說都是一個新的挑戰，只要一跨出原本的舒適圈，初期心理的感受自然會不舒適也不適應，除了心態要再調整外，也需要在過程中付出些學習成本，而這些調整跟突破通常比較多是在「心態」的突破，一旦心的狀態對了，方法、策略這些反而不是最大的問題，所以交易首重在自己的「心態」層面上。

以當沖來說，當要從 Tick Trade 這種較高勝率的模式轉入到更長的交易週期，過程一定會碰到很多原本帳上已經有獲利、但為了換取更高一波報酬的機會而選擇繼續抱單，結果卻導致獲利回吐、勝率降

低的狀況。前期看似原本該賺的沒賺到，確實會讓人內心糾結萬分，更別說當週期拉長到日內波持倉一整天的模式，經常會遇到早盤帳上的浮益是獲利豐厚的，但繼續抱單到一半大盤就突然風雲變色，導致豐厚的獲利由盈轉虧停損收場。

小畢以前極短線幾乎天天都能賺到錢收工，也曾經連續長達 70 多個月獲利，但是當週期變長，把注意力放在「更高賺賠比」交易策略的目標上後，就必須捨棄以往只看重極短波動，跟有賺就趕快入袋為安的操作方式，同時也要開始接受某月、甚至連幾個月的績效虧損，因為我知道如果抱著「連勝 N 個月」的光環，勢必會成為自己裹足的枷鎖無法再向前跨出一步，所以必須在這些選項間做出「選擇」、「協調」、「接受」跟「放下」。

沒有什麼事情是理所當然，也沒有一種賺錢方法是容易的，更沒有什麼所謂的交易聖杯可以歷久不摧。想在交易市場獲利謀生，無論如何一定得找到一個適合自己的模式來執行，在不同的時機、不同的需求上，配合自己不同的現狀，從中「選擇」出一個能讓自己身心平衡的交易方式，持續經營這檔生意。

如果你看到這裡，代表著你是想跨入當沖這個領域，或是跟小畢一樣每天在市場中奮鬥努力的。

接下來的章節，小畢會分享這些年自己在當沖交易的一些心得跟體會。市場中各門各派賺錢的方法眾多，我的分享不可能代表全部，

更不能保證自己的分享能適用在每個人身上，但至少對於像小畢這樣的一個平凡人來說，是透過在這些大原則下一步步做起來的，也希望能提供給各位在交易上有更多的啟發。

AI 小畢繪圖創作

美妙的平衡

自古以來，「牛」與「熊」之間就一直存在著一種微妙的平衡「關係」。

多方代表：**小蛋糕**（萌牛）
空方代表：**小飯糰**（熊貓）

來源：小畢與 AI（Microsoft Bing
　　　Designer）共同創作

Part 1
別成為股市待宰的肥羊

進場前
先確立正確投資觀念

快錢能賺
只看你開不開竅

存 股、波段、價值投資……無論何種方式參與股市，無非就是希望
能夠獲利！既然如此「當沖」究竟能不能做？

自從開放**現股當沖**後，台股提供投資人更靈活的操作方式，除了
讓人在買進股票的當日價格上漲就能立刻賣掉獲利外，也可以在沒有
持股的狀況下先**賣出股票**，並在收盤前買回沖銷，而股票買賣流程因
為是在同一天完成，所以在 T ＋ 2 日後只需要交割「**買賣價的差額**」
及「**交易成本（證交稅 ＋ 手續費）**」即可。

因為**現股當沖**提供大家便捷的進出方式，所以只要能在盤中找到
大於「交易成本」的波動機會，就能進場買賣，賺取價差。很多人想
透過這種快進快出高周轉的方式累積資產，市場當沖客就如雨後春筍
般的成長。

在 COVID-19 疫情期間，很多人因為居家辦公而加入現股當沖的
行列，最高峰時的當沖比例，甚至高達當日市場總成交量的 40% 以

上，雖然不時聽到有人在短短一天就爆賺，事實上卻有更多人在極短的時間就虧損連連，甚至負債累累影響正常生活，從市場畢業退出，導致最後很多人的結論都是：「不要去當沖！」

▶▷當沖真的不能做嗎？

不少人是因為陣亡而一味的否定，其實也有失客觀，小畢覺得這根本是心態跟適性的問題，畢竟用不正確的觀念跟方式做波段、甚至存股，也依然有人受傷甚至退出，只是時間長短的不同，但如果把交易當成開公司做生意，當沖就只是其中一種生意的經營模式，這問題不就等同在問：「開店做生意可能賺到錢嗎？」

很顯然這樣的問題大家都會回答，有人只適合做小生意賺小錢，也有人能做到門庭若市財源滾滾，但卻有更多人因為「個性」或「能力」的不適合，硬要當老闆做生意而賠錢倒閉的。

賺錢的模式千百種，是否「適合自己」才是最重要的關鍵，所以無論做什麼交易，先從「**認識自己**」、了解自己的優缺點跟喜好才是最重要的！

如果以「開公司當老闆」的心態來看待交易的話，你應該要知道這條路不會如一般想像中只需要低買高賣這麼單純容易，因為所有的事情你都必須自己來，出現的問題都得自己克服解決，而最後產生的好壞結果也都得獨自承擔接受！

▶▷當沖很難嗎？

　　小畢覺得賺錢本來就沒有容易的，以交易來說，當沖是「難度最高」的交易方式！理由很簡單：「你必須在更短的時間內，做更快的反應、執行更精準的交易行為！」這無形中也樹立了更高的門檻，讓更多人難以跨越，所以如果準備要進入當沖市場，一定要先充分了解，並做好十足的評估跟準備！先認清自己、了解自己的**能力圈**，並且善用自己的優點，減少自己缺點和犯錯空間，才是在交易市場持續生存的不二法。

贏家與輸家
的 9 個差別

當沖新手最容易犯哪些錯誤？要說贏家跟輸家的差別，其實可以列出一脫拉庫，小畢粗略簡列如下，可以發現因為著重點不同，結果自然產生差異，所謂的輸錢、贏錢，通常都只是最後呈現的結果罷了。

贏家通常會把較多時間放在「**關注自己的問題**」跟如何「**調整精進**」上，而不只是單純想透過外尋方法、策略，卻直接跳過自己所需改變的地方。經常看到很多人努力學習、上課，學了很多技巧、策略，最後卻因為看不見自己身上嚴重的壞習慣、或就算知道也不思改變，就讓這些習慣影響整個交易結果，所有自認為的努力就如同緣木求魚，這樣徒然耗損那麼多時間、金錢實在很可惜。

交易除了需要技術、策略、嚴明的紀律外，更需要的是心態上的健全；贏家會「耐心等待」，也深知只要等到符合自己策略的行情，就要積極出手。股神巴菲特有個著名的「棒球理論」，他提到美國職

棒大聯盟史上最好的打擊手之一的泰德‧威廉斯（Ted Williams）寫的一本書《擊球的科學》，威廉斯在書中提到高打擊率的秘訣就是：「不要每個球都想打！」他會把自己的打擊區域分成 77 個方塊，每個方塊大概是一個棒球的大小。如果他的選擇是：球從理想的「甜蜜區」飛入才揮棒的話，打擊率會高達 40%，但如果球是從「角落」的「好球帶」飛進而勉強出棒，打擊率就會驟降到剩下 23%。在棒球的比賽中只有 3 次好球的機會，如果 3 次都從角落飛進好球帶，球員還是被迫要勉強出手，否則就會被 3 振出局。

相較起來交易沒有 3 振出局這件事，所以更能在出手下單前慎選甜蜜區出擊，搭配保持正期望值的策略，長期下來就能賺錢，久而久之心態上就會更沉穩，也不會患得患失，在意單一次或短期的盈虧，在該出場時更能果斷出場！

倘使出現不屬於策略範圍的「大行情」而沒有賺到，也能接受本來就不屬於自己的機會，能更快放下得失心，等待屬於自己的下一次機會的甜蜜點出現，而不會把心力一直放在埋怨行情上，因為「市場永遠是對的」，它會走它自己的路，而身為市場交易者的我們都只是個小小的跟隨者。

堅持自己的交易策略，持續執行對的動作，長期「正期望值」的交易，遠比一、兩次的賺錢還要重要！

交易過程當然不可能一直順風順水，在遇到不順的時期，贏家

唯一想到的總是：「如何守住自己的本金」，繼續等到屬於自己的機會出現才重新出擊，而不是在機會來臨前就耐不住性子而恣意放大籌碼，用情緒賭行情而受傷累累，等到真的機會出現了，又因為前面的虧損而畏首畏尾、錯失良機！

　　真正能「**留住錢**」到最後的人，才是真贏家！所以贏家要具備的，除了在順風盤時要能「攻」，在績效逆風時更要能「守」，攻守兼備，盡可能「賺大賠小」，而不會把風險無限制放大。

項目	贏家（**Winner**）	輸家（**Loser**）
能力	具備**觀察**、**創造**、學習、模仿、**調整**能力	止於學習、模仿
看法	格局較大，思維更全面	看法較短，思考偏局部
因果	重視原因（重因）	只在意結果（畏果）
數學	專注交易期望值	只在意帳戶的浮動盈虧金額
心態	積極＋耐心等待＋理性	心急＋慌張莽撞＋情緒
想法	賺該賺的，賠該賠的	只想賺錢，不想接受虧損
見解	市場是對的、謙卑以對	我才是對的、自我放大
行為	紀律執行，只做能力圈內的事	隨興起舞，常做超出自身負荷的事
關注	較多關注自己的問題	較多關注別人、環境的問題

贏家對「贏家」兩字的理解：
在這市場大家都想要賺錢，但真正的贏家都很清楚知道一件事情：在投資買賣中不單只是比誰賺得「多」才叫贏家。因為賺得多，也有可能賠得更多，接下來又想用「賺更多」來彌補之前的虧損，導致越押越大，風險越來越承擔不起，最後失控敗北。

贏家學習模式往往類似科學的研究步驟：

觀察 → 假設 → 驗證 → 分析 → 結論 →（發現問題）→ 調整 → 不斷循環、周而復始

贏家交易的日常：

市場給予：就收下！

市場不給：檢討自己、調整自己、優化自己的操作！

1-3

小試身手
從多少本金開始？

當沖新手交易人，建議用多少配比的資金操作？在操作還不熟的情況下，每次要投多少金額？

小畢家樓下曾經開了一間超好吃的手工窯烤 Pizza，這是小畢至今吃過排名前幾名口味的披薩店，老闆是由 3 位年約 30 歲的年輕人合資 100 萬元創業，因為店面很小只有 2 張桌子，所以他們希望以外帶為主。

在跟他們閒聊過程中得知，他們的店面是跟房東簽約 1 年，1 個月要 6 萬～ 7 萬元，小畢聽到的當下心中只有一個「驚」字，想說這麼好吃的口味，可能要趕緊多吃個幾次，否則不知道他們會開多久……

果不其然，在第 9 個月的某天，看到他們在門口貼出「店面轉讓」的布條，顯然他們是連 1 年的租約都還沒到就撐不下去了。再次去跟他們聊天，他們也說自己沒想到這麼快就撐不下去，原本以為只要正向積極、懷抱著熱情加上獨特口味的廚藝，很快就能 Cover (足夠支付) 成

本了，但萬萬沒想到當地民眾的消費習慣，跟他們原本設想的完全不一樣，還沒來得及調整經營方向，錢還沒賺到，本金卻一下就燒光了！

從上面的例子可以發現，做任何生意，無論你是否已具有技藝、準備好資金，都可能遭遇原本想像不到的狀況跟挑戰，需要有緩衝的時間跟資源去支撐自己度過這樣的時期。交易更是如此，金融環境瞬息萬變，盤勢也不斷在變化，如果沒有事先做好計劃，隨時都可能會面臨窘境，被迫離開市場。

至於要用多少本金開始呢？小畢覺得每個人的生活習慣跟條件都不同，但是可以依照下面幾大項來逐一確定，並做好細部規劃：

1. 生活基本開銷

食衣住行育樂各項，包含自己的、家庭的，都需先備足，生活費千萬**不要**跟**交易資金**混為一談。

大多數的人初期都是無法穩定獲利，在賺賺賠賠下，通常會賠大於賺，就算幾次賺到可能也都只是「市場暫時借放」的，所以如果剛開始就想用交易賺到的錢作為生活費的唯一來源會比較有風險，因為一旦有這樣的想法，當短時間無法達到獲利目標時，無形中就會造成

> 💡 **小畢提醒**
>
> 如果想要專職交易，在尚未能持續獲利前，生活開銷就會是最基本需要備足的金額，如同創業一樣，難度很高，因此建議大家一定要深思，或是在專職前盡可能要保有能持續進帳的金流。

心理的壓力跟負擔，接下來的交易過程就更難持續做出「對」的操作。

2. 學習所需成本

很多人對這塊都沒有概念，只覺得要是能學幾個贏家分享的方法來操作，就有機會從市場賺到錢，但事實真的是這樣嗎？如果沒有仔細做好規劃，真的很像戴著鋼盔盲目向前衝一樣，陣亡是早晚的事情，因為你根本不知道自己有多少子彈跟勝算！

想賺錢？要先知道會怎麼賠！ 一般來說，要是想在當沖領域中成功，能在 1 年內找到自己的交易風格跟模式已經算不容易（因為很多人半年內就可能陣亡），而能達到持續獲利的比例更是少數。

假設在這之前，能夠控制每天的**平均虧損**如下：

每天虧損：–1,000 元

每月虧損：–1,000 x 22（天）＝ –22,000（元）

每年虧損：–22,000 x 12（月）＝ –264,000（元）

當然你可能會說：「怎麼可能天天虧錢？在交易期間哪會那麼衰，總會有些天是賺錢的吧？」但這裡所說的是每天的「平均虧損」。初期如果**期望值**是負的，賺賠相抵能把日虧損控制在一定額度，真的能做到這樣，就已經需要很強的執行力跟紀律了。

在這樣嚴謹的規範下，1 年或許要 25 萬元以上的學習成本，更遑論很多人可能隨便大手一揮，一筆虧損就幾萬元起跳，1 天還下好幾筆，這樣成功前，要準備多少資金才夠？大家可以自行試算一下。

3. 低潮時期

2019 〜 2022 長達 3 年的 COVID-19 疫情造成全世界經濟活動的大幅改變,很多疫情前獲利盆滿缽滿的店面生意,也不敵疫情摧殘紛紛緊縮甚至倒閉。交易不可能沒有低潮,金融市場更是瞬息萬變,任何一套現在賺錢的方式,都有可能在未來一段時間無法持續賺錢、甚至虧損,所以在過渡期間所需要的緩衝資金也必須保留,這當然也就牽涉到前述兩點的規劃。

1-4
金額再小都有問題
別輕易違約

現股當沖就是當天**買進**與**賣出**「同一檔」有價證券後,可以就「相同數量」的部分,按買賣沖銷後的「**差額**」辦理款項交割。

通常期貨交易前需要先把規定的「保證金」存入期貨商專屬保證金帳戶後才能下單,但台灣買賣股票只需要在開戶時,由券商依照對開戶者的信任,核定一定的「信用額度」後就能隨時下單(目前不用財力證明通常可核定每天 50 萬～ 499 萬元的下單額度,實際狀況依照各券商規定)。

而台灣買賣股票交割是採用 T ＋ 2 的交割方式,買進、賣出的當下不會檢核客戶有沒有足夠的交割款,而是單純信任下單者在「2 天後」會「依約定」繳款交割。

自從 2020 年 3 月 23 日現貨開始採「逐筆撮合」的交易方式後,市場的買賣更有效率,各方大戶、程式交易也更有意願加入活絡的效率市場中,相對價格的漲跌洗刷也更加快速,一旦買、賣雙方出現力道失

衡，甚至大戶瞬間的大量買進、賣出，都可能讓價格瞬間噴出、急跌，如果剛好又在漲、跌停板附近，更有可能在一瞬間就鎖上漲停板、跌停板，屆時如果做錯方向來不及出場，就需要進行交割了。所以一旦下單金額超過自己所能負荷，又無力補足股款發生違約交割的話，對個人信用會產生極大的傷害，後續券商可能會要求賠償，甚至對交易者提起法律訴訟，所以違約交割的後果非常嚴重，下單前一定要非常小心操作，避免付不出交割款的風險。

曾有新聞報導：「當沖新手付不出幾千元的交割款發生違約交割！」千萬別以為這幾千元是小事，因為會對未來 5 年的信用產生嚴重的影響！

範例：2022 年 11 月 7 日 # 金橋（6133）

價格突然急拉到達 7.19% 幅度，進入 2 分鐘「價格穩定（熔斷）」機制，並在重新交易後的瞬間（不到 1 秒）漲停板鎖死！讓空單欲哭無淚，需要準備交割款跟高額的「借券費（利率最高 1 天 7%）」！

範例：2023 年 3 月 8 日 # 寶一（8222）

在接近尾盤時，價格上漲到 8% 幅度，多頭直接進行鎖漲停板突襲，不到 1 秒就漲停鎖死，瞬間用約 2.84 億元吃掉委掛賣單，到尾盤依然上鎖 41,695 張（約 16 億元額度），讓很多空單一次大賠陣亡畢業！

價格急拉 空單欲哭無淚

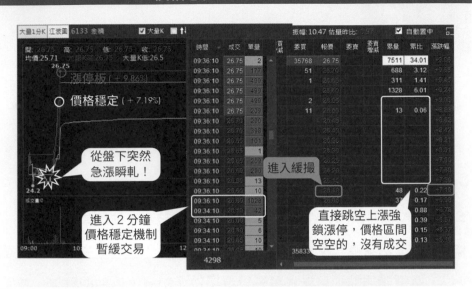

資料來源：獵股快手

漲停鎖死 空單大賠

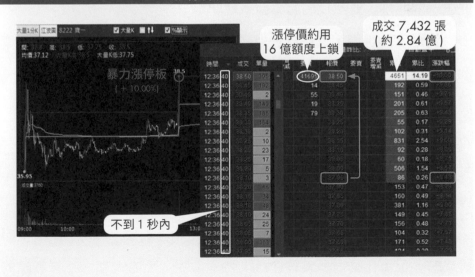

資料來源：獵股快手

1-5
成為贏家前
先知道在玩什麼遊戲

當沖交易可以讓你賺錢，也可能讓你一夕破產！你是具有「優勢」的交易者嗎？還是只靠「運氣」的賭客？以賭場中的專業賭客來說，選擇賭場前，可能會事先對現場做過功課（場勘觀察），並跟現場經理爭取「輸多少」可以有退佣或福利（少輸為贏），而不是隨便選一間賭場，貿然找個賭桌坐下就開始下注。

當選定賭場後，依然要透過觀察荷官的發牌計算機率，自己勝率低的時候小量下注，等到勝率提高對自己有利時，才考慮加大注碼，這其中能長期贏錢的關鍵，必定在於「期望值」。

多數人進場交易，無非是想「賺錢」，如果只想賺個一、兩次，可能靠「運氣」就可以了，但是想要「長期」賺錢，靠的必定是長期的「正期望值」，而非單只依賴「高勝率」。

期望值是由「勝率」和「盈虧比（平均獲利 ÷ 平均虧損）」所構成的，但為什麼很多人只在意「勝率」呢？因為人都「不喜歡輸的

感覺」，同時「感覺」只要「多贏幾次」的話，似乎就可以賺回輸的資本，所以經常只把目標放在追求高勝率的方法上。

小畢很久以前認識的一位朋友，他短線操作台指期的勝率高達95%，常常碰了面就洋洋得意跟小畢分享他最近的勝率多高又多高，但通常再過 1～2 個月後，就會聽到他又爆倉倒賠了，原因都如出一轍：一筆大的虧損，就摧毀幾十筆高勝率的小賺。很顯然他的獲利結構就是：「無數小賺」＋「偶爾大賠」，長此以往用這種方式交易下去，要累積獲利可以說是天方夜譚。

所以在獲利結構中，除了「勝率」外，「盈虧比」這個環節也同等重要，而盈虧比會跟策略設計的「風險報酬比」相關，怎麼能不重視呢？

想要穩定獲利的人，專注的應該不只是怎麼進、怎麼出的方法。說真的，以現在網路發達的年代，還有什麼新聞、資訊、指標、籌碼、線型……是我們不知道的呢？大多資訊只要願意上網找，Google 大神都可以搜尋得到，未來可能都還有各種 AI 工具可以解答，但既然大家資訊平等、進出的方法都大同小異，重點應該是著重在自己事先設定好的進出策略下，去追蹤這套模式（策略）是否依然能在「正期望值」的基礎下持續運作，並從策略中校調出符合自己個性的「勝率、盈虧比」配比，接著持續紀律下單，這樣才是事半功倍的方向。

【期望值】EV ＝（W% × AW）－（L% × AL）－ C
EV（Expected Value）
W % ＝ 勝率　　　　　L % ＝ 賠率
AW ＝ 平均獲利金額　　AL ＝ 平均虧損金額
C ＝ 交易成本（手續費 ＋ 交易稅）

🔍 策略 1

如果設計的交易策略執行結果如下：
1. 交易勝率：55%
　平均獲利：2%；平均虧損：2%
　平均盈虧比：2% ÷ 2% ＝ 1
　期望值 EV ＝（55% × 2%）－（45% × 2%）－ 0.24%（券商 3 折手續費）＝ －0.04%

....

勝率雖然超過 50%，但平均盈虧比是「1」賺賠相同，卻因為交易成本蝕獲利形成虧損。
結論：做越多次，累積虧損會越大。

🔍 策略 2

2. 交易勝率：60%（↑提高）
　平均獲利：2%；平均虧損：2%
　平均盈虧比：2% ÷ 2% ＝ 1（持平→）
　期望值 EV ＝（60% × 2%）－（40% × 2%）－ 0.24%（券商 3 折）＝ ＋ 0.16%

....

相較於策略 1，若「勝率」可以提高，平均盈虧比也能維持，總獲利就能大於交易成本，開始小有盈利。

🔍 策略 3

3. 交易勝率：70%（↑提高）
平均獲利：1%；平均虧損：2%
平均盈虧比：1% ÷ 2% ＝ 0.5（↓降低）
期望值 EV ＝（70% × 1%）－（30% × 2%）－ 0.24%（券商 3 折）＝ -0.14%

依照策略 2 的結果，如果為了提高勝率，希望能更好預測價格而把交易週期改得更短，平均盈虧比可能會因此降低。
結論：只專注在提高勝率，造成盈虧比降低，也未必能長期獲利。

🔍 策略 4

4. 交易勝率：45%（↓降低）
平均獲利：4%；平均虧損：2%
平均盈虧比：4% ÷ 2% ＝ 2（↑提高）
期望值 EV ＝（45% × 4%）－（55% × 2%）－ 0.24%（券商 3 折）＝ ＋ 0.46%

當交易週期拉長，拉高盈虧比，縱使勝率偏低，依然能夠獲利。
結論：偏向「賺大、賠小」的獲利結構。

　　從上面幾個策略來看，交易無論用什麼方式都好，重點是只要操作策略的期望值（EV）是「正」的，長期執行下來就能累積獲利，呈現正報酬。反之，如果期望值為負，小畢的建議會是：「停止下單吧！否則下越多，賠越大！為什麼還要持續不斷下單，損耗自己的本

金呢？」

至於「不知道」自己期望值是正？是負？如果長期是賠錢，當然就是「負」的！這樣的交易通常都還沒做過覆盤、回測、統計……所以才會不清楚，小畢建議最好就是：「即知即行、快去做吧！」

▶▷不同週期 原則皆然

不只在每筆的操作要有這樣「大賺、小賠」的概念，從每日、每週、每月、每季、甚至年度計算上，也都需要要依此原則運作。以 1 個星期來說，切勿讓某日的大賠，就吞噬掉整個星期其他 4 天的獲利。

以每天來說，小畢最早的大賠定義，通常就是「賠到平均日獲利的 2 倍以上」，而達 2 倍就會開始警戒，虧損達「3 倍」立馬停單！例如：平均 1 天賺 1 萬元，如果某天績效賠 2 萬元的話，就算還在早盤，可能要開始警戒考慮停單；當賠 3 萬元時，縱使時間還早才09：20，也二話不說直接停單！

會這樣的原因，就是為了透過控制每日的「最大虧損」，避免出現以下狀況：

星期一	星期二	星期三	星期四	星期五	合計	日勝率	日盈虧比
+ 10,000	+ 10,000	+ 10,000	− 30,000	+ 10,000	+ 10,000	80%	0.33
+ 10,000	− 10,000	+ 10,000	− 30,000	+ 10,000	− 10,000	60%	0.50

如上，如果 1 天虧損就侵蝕掉 3 天的獲利（只有 1 天大賠），當週勝率 80%，頂多就小賺做收。更何況若勝率 < 60%，或是當週出現更大、更多的虧損，負績效肯定侵蝕到下週、下下週，如此績效就更難翻正，這樣會惡性循環，所以一定要格外注意：千萬不要大賠！千萬不要大賠！千萬不要大賠！（很重要，所以說 3 次）

勝率 X 盈虧比 ⇒ 期望值

AI 小畢繪圖創作

Run Run 跑起來

NVIDIA 執行長黃仁勳訪台，到台灣大學演講的金句是：「跑起來！」期勉大家，無論你是為了追逐食物奔跑，或是為了不成為別人的食物而跑，都要持續奔跑！交易也是，就算你現在正處於優勢也不能懈怠，否則不用多久，可能真的不需要再跑了。

來源：小畢與 AI（Microsoft Bing Designer）共同創作

Part 2

初出茅廬 帶上錦囊

建立當沖入門知識

2-1

現股當沖的基本介紹

▶▶現股當沖的規則與資格限制

想當沖並不是馬上開好戶就能沖,需要一些基本門檻如下:

1. 開立證券帳戶滿 3 個月

2. 最近 1 年內至少有 10 筆交易(注意是 10 筆,非 10 張)

3. 跟開戶券商簽署「應付當日沖銷券差有價證券借貸契約書」及「風險預告書」

實際資格以開戶券商規定為主,其中第 2 項的條件是交易「10 筆」,也就是要下「1 張」分開「10 筆」委託成交,而不是用「1 筆 10 張」的委託單成交。如果初期還沒當沖資格,取得資格前就需要留倉交割,如此就有留倉風險,要避免這種風險,如果有開期貨戶,建議可以選有「個股期貨」的股票進行一買一賣(一多一空)的對鎖留倉方式。

例如:選擇「低價」、有「流動性(有量)」、有「個股期貨」

的股票。

以下面友達（2409）及友達期貨（CHF）為例：

現股以張數「1」張，連續下「10」筆委託在 18.65 元

個股期貨用「5」口，直接下「1」筆委託在 18.60 元

一買一賣 解鎖當沖資格

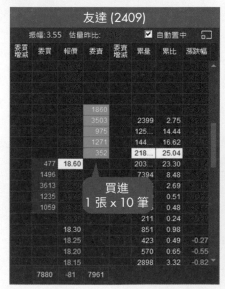
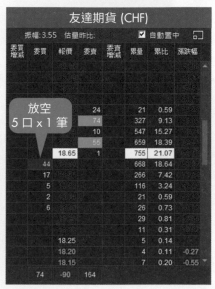

如果真的沒有期貨戶頭，只能以現股留倉，建議用越低價、波動越小的「有量」
個股來做，以降低獲得當沖資格的成本及風險。

資料來源：獵股快手

💡 小畢提醒

個股期貨 1 口 ＝ 2 張股票

　　這樣現股買進、個股期貨放空，一買一賣的對鎖只需負擔一些小成本，好處是可以免去隔天股價突然跳空（無論向上或向下）的價差風險，因為一邊賠錢另一邊就會賺錢，可以安心睡個好覺，等隔天再反過來將兩邊同時出場即可（股票賣出、期貨買進平倉）。

▶▷當沖的種類、成本及報酬率

　　開店前都得先估算一下開店所需的成本，更遑論交易本身就是門生意！既然是生意，越能掌控經營成本，就越能增加獲利的機會跟空間。

　　當沖的方式有兩種：

1. 資券當沖：在「現股當沖」開放前的交易方式

　　●做多需先用「融資買進」，當天要反向沖銷需用「融券賣出」。

　　●放空需先用「融券賣出」，當天要反向沖銷需用「融資買進」。

2. 現股當沖：

　　現股當沖的交易成本主要有兩部分：

　　●證券交易稅（3 ‰，只有賣出才收）

　　●券商手續費（1.425 ‰ x 券商折數，買、賣都收）

💡 **小畢提醒**

資券當沖需要先開立信用交易戶才可融資、融券，初學者如果要當沖「放空」前，盡量先確認該檔「有券」，並先用資券當沖的「**融券**」進行放空（不要用「現股（無券）當沖」），避免因為放空後停損不及被鎖住漲停板時無券可借，就要付出高額的借券費。通常借券一次容易造成績效結構的大賠，很多人甚至因此發生違約交割，不可不慎！

現股當沖成本表					單位：‰
原始 手續費率	券商 折數	手續費 （買進）	手續費 （賣出）	交易稅 （減半）	總共成本 （買進手續費 ＋ 賣出手續 費 ＋ 交易稅）
1.425	原價	1.425	1.425	1.5	4.35（1.425 x 2 ＋ 1.5）
	6 折	0.86	0.86	1.5	3.22（0.86 x 2 ＋ 1.5）
	5 折	0.72	0.72	1.5	2.94（0.72 x 2 ＋ 1.5）
	4 折	0.57	0.57	1.5	2.64（0.57 x 2 ＋ 1.5）
	3 折	0.43	0.43	1.5	2.36（0.43 x 2 ＋ 1.5）
	2 折	0.29	0.29	1.5	2.08（0.29 x 2 ＋ 1.5）

註：依照《證券交易稅條例》修正案，現股當沖至 2024 年底，證券交易稅維持 1.5 ‰ 減半措施。

💡 **小畢提醒**

資券當沖雖然當天的部位也屬於當日沖銷，但是交易稅**沒有減半**，通常收盤後營業員會協助改帳成現股當沖，但畢竟帳戶是自己的，建議大家還是在盤後主動確認較為保險，有問題要即時請營業員協助調整。

▶▶當沖交易類型

「當沖（Day Trading）」顧名思義，就是進場後，在同一天「收盤前」要全部出場結束部位，避免留倉做錯方向，隔天要承擔跳空風險的操作方式。每天股價都有高低起伏，任何波幅只要足夠支付交易成本（手續費、交易稅），都是一個「價差投機」的機會。

以當沖來說，通常會依照進出時間的長短跟不同目標，再把當沖概略分成下列 3 種類型：

1.Tick Trade

Tick 就是股價依照證交所規定的股票「升降單位」跳動檔次，1 Tick 就是股價跳動 1 個檔次，2 Ticks 跳動 2 檔次……依此類推。

Tick 交易者的目標是從小的隨機跳動點中，尋找能賺回稅費成本的跳動空間，透過「快進快出」（有時僅在幾秒內）擷取微薄價差來獲利，因為每次賺的價差獲利較少，所以會透過「大量」或「高周轉」的方式來累積獲利。

因為 Tick 交易的獲利目標很短，所以進場後在很的短時間內，就能印證自己的交易方向是否正確，交易者也需要在極短的時間內就對部位的賺賠做出處理（停損、停利）；因為獲利空間小是屬於微薄利潤，只要在虧損時稍有猶豫，可能就會造成相對大賠，獲利時稍有貪心，也很容易獲利回吐，因此交易者需要具備最快速的反應力跟執行紀律，否則長久下來很難成功。

以下是台股的股票升降單位列表：

價格	0.01～10	10～50	50～100	100～500	500～999	1,000 以上
最小跳動點（Tick）	0.01 元	0.05 元	0.1 元	0.5 元	1 元	5 元
一張股票一跳損益（股）	10 元 0.01 x 1,000	50 元 0.05 x 1,000	100 元 0.1 x 1,000	500 元 0.5 x 1,000	1,000 元 1 x 1,000	5,000 元 5 x 1,000

註：1 張股票 = 1,000 股

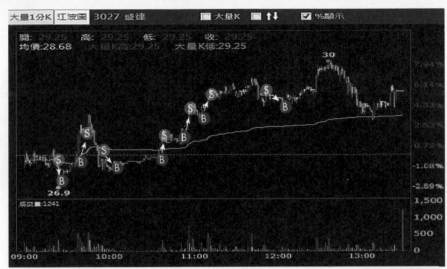

B = Buy（買進）；S = Sell（賣出）
▪ 高周轉 ▪ 交易速度－極快 ▪ 停損停利－小 ▪ 勝率－高 ▪ 盈虧比－低

資料來源：獵股快手

2. 一波流

　　台灣股票有漲停板、跌停板的限制，雖說每天從漲停板（＋10%）到跌停板（－10%）間存在 20% 的交易空間，但實際上股票每天的波動範圍不可能都這麼大。

　　以一天的行情來說只要活潑度夠的股票就會產生上下波動，而一波流交易者的獲利機會，就是在每個波峰跟波谷間，找出動能產生的波幅慣性，以抓取一個波動（約 2% ～ 3%）的價差為主要獲利目標，

當動能結束就出場。

選股的範圍會盡量以當日振幅在 5% 以上的股票為優，否則波動太小就比較難找到合適的價差空間進出買賣。

一波流的交易手法有時也是 Tick 的延伸，依照發動時間以 Tick 切入進場，當動能持續就繼續抱單，直到動能結束出場。

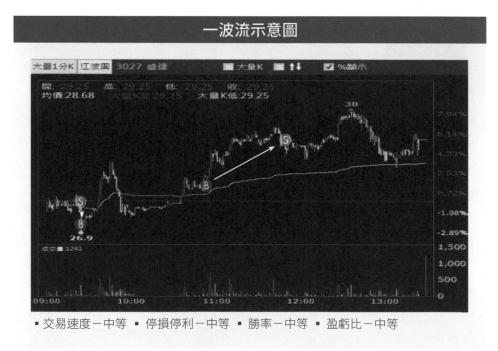

一波流示意圖

▪ 交易速度－中等　▪ 停損停利－中等　▪ 勝率－中等　▪ 盈虧比－中等

資料來源：獵股快手

3. 日內波段

Tick Trade 跟一波流比較屬於靠「動能發動」短時間進出的模式，

相對於這兩種方式來說，日內波段的當沖是屬於看法最長、持倉也最久，目標是以吃到當天「日K線」的振幅空間為主要目標的操作方式。有時進場後如果沒有觸及停損或停利點，甚至會抱單到收盤前才出場，所以在持倉的過程中，個股可能經常會受到大盤、國際股市、新聞……等各種層面因素的交互影響，波動更大。

　　而操作方式因為期望做到當日的更大日波動，所以格局需要最大，甚至對於多日K線所組成的趨勢型態及「當日K線」的收盤方向，也需要有一定看法。

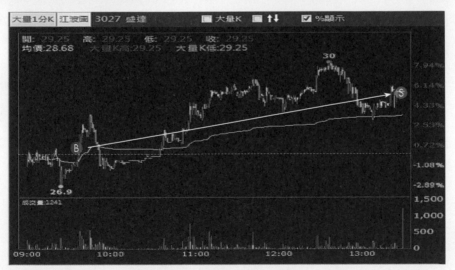

- 交易速度－偏慢 - 停損停利－大 - 勝率－低 - 盈虧比－偏高

資料來源：獵股快手

交易方式沒有好壞，只有自己**適不適用**，以上 3 個操作模式小畢都曾依序經歷過。

初期的我是從 Tick Trade 開始的，因為年輕時天天打電動反應算不錯，而自己的個性也算謹慎，所以交易時部位只要有虧損就迅速停損不會猶豫，每天開盤後就關注有波動的個股不斷反覆進場，像小鳥啄米一樣一點一滴透過累積每個小小的價差堆積獲利，也在這時期不斷加強自己的交易信心跟執行力。

但因為 Tick Trade 需要耗費大量的「眼力」，隨時快進快出也需要保持「專注力」跟「精神力」，隨著年紀增長，小畢開始讓自己在看對行情時能抱單更久，讓獲利跑更遠，代價就是**透過降低「勝率」來換取更高的「盈虧比」**，好處是降低盤中的緊繃感，也讓自己的交易過程可以更輕鬆。

時至今日小畢的當沖方式已經轉變成看更遠的日內波交易，同時盡可能將過往主觀交易的經驗系統化或量化，好處除了是盤中更有餘裕不用短進短出外，同時能有更大的視野來面對行情。

以小畢認識的交易朋友來說，各種交易手法都有贏家高手；也如

💡 小畢提醒

選擇是很重要的，但任何選擇前，都需要先認清自己的優、劣勢，並選擇讓自己交易過程能「身心舒服」的均衡模式，這樣才有機會成功。無論用何種單一模式、亦或是用混合方式交易皆然。

同生意的模式百百種一般，有人善於經營高周轉率「以量制價」的生意，有人喜歡「以價制量」的精品生意，無論何種生意，都有人可以經營得很好，端看自己能否掌握經營模式的要訣，並在善變的市場中保持彈性，持續賺取金流。

以下概略將幾種當沖交易模式做簡表列示：

當沖週期類型	Tick Trade	一波流	日內波段
交易目標	抓極短波動	抓一段上漲、下跌波	抓日線方向
持倉時間	最短（1分鐘內）	中等（1～數分鐘）	30分鐘～整天
下單所需反應	極為快速嚴苛	中等	一般
盯盤耗費眼力	必須緊盯	稍微寬鬆	最為寬鬆
停利目標（概估）	0～1.5%	1.5%～3%	3%～10%
停損目標（概估）	0～-1%	0～-2%	-2%～-5%
勝率	最高	中等	較低
盈虧比	偏低	中等	最高
所需忍受獲利回吐	最少	中等	最多

股票沖不掉的幾種可能

既然選擇「當沖」，當然就是希望能「今日事今日畢」，而股票在收盤前沖不掉，往往意味著 2 天後你必須要準備足夠的股款進行股票交割才行，所以就算決定當沖，依然不要讓自己曝險過大，導致陷入意外時無法交割的困境！

曾經聽過有人做錯方向虧損後，因為捨不得停損，到尾盤還是三心兩意，結果稍不注意就等到收盤了，台股 13：25 進入最後一盤的集合競價委託，從 13：25 ～ 13：29：59 間都可以委託下單，怎麼可能出不掉？因為怕吃虧，所以委託時只讓了幾檔（Ticks），導致 13：30 沒有撮合成功需留倉交割。

既然當沖是一定要出場的，在尾盤（13：25 ～ 13：29：59）進行委託時，多單一定要用「跌停價」委託賣出、空單一定得用「漲停價」委託買進，只要在最後一盤交易「量」足夠的前提下，就不會出現無法出場的窘境（如果最後一盤撮合價在「漲停板」或「跌停板」

時，也未必保證一定能成交）。

　　另外一種股票沖不掉，又會讓人重傷的狀況就是：**放空強勢股、買進弱勢股**。尤其是「放空」更應該注意，自從逐筆撮合制度開始後，一些主力會針對「沒有券單」、「漲幅 7% 以上」的個股進行狙擊，就算離漲停價還很遠，也可能突然急拉「秒」鎖漲停板，導致「無券放空」的空單會因為沒券而需「**借券**」；通常牽涉無券要借券，就幾乎是大賠，因為除了需要原本融券的交割款外，還需要高額「以日計息（最高 7%）」的「借券費」，再加上隔日跳空的價差損失、手續費……等等，對於一些風險控管不好的人來說可能只要一次就會畢業，必須要小心謹慎、盡力避免！

　　針對剛剛說的，建議新手把握一個原則：「漲 7% 以上『千萬』不要放空、跌 7% 以下不要做多」，看似空在比較高的價格跌下來、

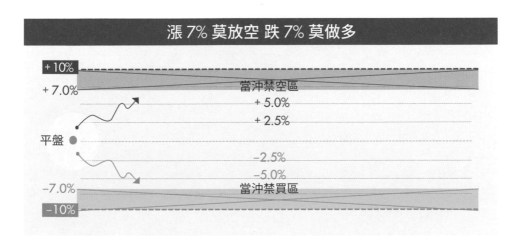

買在比較低的價格拉上去好像可以賺比較多，但別忘了交易市場首重的還是「風險」，絕對要正視，不能輕忽！

盤後最後的成交機會

台股一般的交易時間如下：

09：00 ～ 13：24：59（逐筆撮合）

13：25 ～ 13：30（集合競價撮合）

如果在這期間無法順利成交，最後還有「盤後交易」的機會可以試試看。

盤後交易的時間是：

14：00 ～ 14：30，於 14：30 一次定價撮合成交，也就是委託後，價格是以當日正常交易時間的「收盤價」為定價進行撮合；盤後成交的數量很少，但如果遇到非得出場不可的狀況，還是得要試試看。

💡 小畢提醒

盤後交易要選擇「盤後」或「定價」模式（不同券商可能有不同的名稱，下單前可以先跟自己的營業員確認）。

2-3

做多？放空？
多空雙做？

當行情在波動的時候，價格會在漲跌間交互輪替，而交易者就要在這些時而向上、時而向下的波動間尋找足夠的價差空間進行操作。

做多：先買了，就等著價格上漲後賣出。

做空：先賣了，再等到價格下跌時買回。

多數人一開始會認為要是多空都操作的話，就可以上漲也賺、下跌也賺，這樣賺錢速度會比只做一邊快速！但以小畢的經驗來說，多、空看似只是方向相反，但實際上多空之間的走勢跟盤性是不太一樣的，所以在觀察跟操作的細節也會有些不同，因此建議大家初期先試著從「單一方向」（只先做多或只先做空）的操作來練習比較好。

優點是可以在單邊的操作中取得「一致性」的操作紀錄，在收盤後的檢討也比較好相互比對，並找出操作上共同的盲點或問題來改進，當碰到盤整時也能避免既想做多又想放空，卻因反覆翻單被多空雙巴的窘境。否則很容易獲利還沒累積，就讓虧損加倍、甚至交易信

心潰散。

　　通常當練習一邊的看法較穩定後，對於另外一邊的發動行為也能慢慢掌握，因為你會開始發現某些操作方式比較容易被停損，或許這些訊息也就提供了反向操作的思考來源，屆時再考慮是否練習反向，甚至雙向操作會較適合。

　　另外以時間效益來說，先選擇練習單邊也能更快累積相同的經驗以縮短學習的曲線。

　　至於要先選擇多還是空呢？端看每個人的個性跟習慣而定。多年下來小畢有認識不少厲害的交易者，有人只專做多方交易，也有人只專注放空策略，都能成為市場贏家，當然也有多空雙刀流的佼佼者，無論是哪種類型的贏家，共同的關鍵點都是：能在自己擅長的機會上保持「專精專注」。

　　而造成多空走勢不同的原因，主要跟大眾對於想持有資產的想法和習慣有關，多數時候是因為上漲而看好買進股票，下跌時因恐懼才賣出（當然也可能有大漲時恐高的賣出跟暴跌時貪婪的買進行為）。而股市是經濟的領先櫥窗，各國的政府及執政黨站在希望國家經濟成長跟選票的角度上，會希望股市長期能呈現上漲，因此都會想方設法穩定股市，阻止價格大幅崩跌。

　　此外股市的主力當然也希望手上的股票走長期多頭，最大的原因是往上做多可以倍數獲利，但向下放空直到股票下市頂多也就賺

100%，所以持有多頭部位並設法讓價格不斷朝 K 線圖的右上角發展是更有賺頭的。

多頭時期大多是走得慢、走得久、走得遠，可能某些時候因為一些事件出現急跌走勢後，在護盤驅使或投資價值浮現時，就又會有買盤進入而漸漸止跌，接著又重新慢慢往上走，這也是股市長期下來走多頭的時間總會比空頭要來得更長更久的原因。

依照上面的思維想法來看當沖交易，也要「看大做小」，從比當天日內走勢更大的「日線」格局來做觀察。

先不論其他細節或原因，單純以「機率」來看，如果當沖策略是「開盤價買進、收盤價賣出」的話，選擇「做多」的勝率高呢？還是選擇「放空」的勝率高？小畢針對可「買賣當沖」的個股做了統計，把台股近 20 年全市場（上市＋上櫃）日線出現紅 K、黑 K 的數量及比例列表如下：

年份		2004	2005	2006	2007	2008	2009	2010	2011	2012	2013
紅 K	檔數	6651	5577	7491	11398	7836	9863	9304	7547	5643	5469
	占比	47.5%	48.8%	49.4%	47.2%	46.8%	48.6%	47.8%	45.7%	47.9%	48.9%
黑 K	檔數	5894	5100	6878	11483	8016	9466	9182	8091	5546	5056
	占比	42.1%	44.6%	45.3%	47.5%	47.9%	46.6%	47.2%	49.0%	47.0%	45.2%
十字 K	檔數	1445	754	806	1278	878	965	966	886	600	661
	占比	10.3%	6.6%	5.3%	5.3%	5.2%	4.8%	5.0%	5.3%	5.0%	5.9%

（接下頁）

年份		2014	2015	2016	2017	2018	2019	2020	2021	2022	2023
紅K	檔數	6522	5846	4986	7703	9097	9231	13642	20142	15014	17047
	占比	48.1%	46.5%	49.4%	47.6%	46.5%	48.2%	47.1%	46.0%	46.5%	47.1%
黑K	檔數	6308	6096	4505	7574	9477	8930	14035	22002	15900	17576
	占比	46.5%	48.5%	44.6%	46.8%	48.5%	46.6%	48.5%	50.2%	49.3%	48.6%
十字K	檔數	724	629	603	920	973	1003	1288	1664	1361	1546
	占比	5.3%	5.0%	6.0%	5.6%	5.0%	5.2%	4.4%	3.8%	4.2%	4.3%

※ 統計條件：當日成交量大於 3000 張、成交額大於 3 億元、價格 15 元以上，排除處置股
※ 百分比數字著紅色：代表當年度占比大於對向占比 (例：紅 K ＞黑 K，紅 K 占比 % 著紅色)
※ 儲存格有著底色：代表當年度占比與對向相差「大於 1%」

　　從以上 20 年的日線紅 K、黑 K 比例中可以看出，在沒有其他條件的篩選下，整年紅 K 較黑 K 多於 1%（表格底色：粉紅）的總共有 8 年，黑 K 較紅 K 多於 1%（表格底色：粉綠）也是 8 年，剛好各半並沒有很顯著的偏向。

　　細看前面 10 年（2004 ～ 2013），可以發現紅 K 較多的年份是明顯偏多的，但以後面 10 年（2014 ～ 2023）、尤其近 5 年（2019 ～ 2023）看來，明顯比較多黑 K 大於紅 K 的年份。

　　這個統計說明了：**市場本身就會不斷地轉變輪替**，我們無法保證同一個方向的操作、或同一套策略及方法可以「永遠」維持在相同的獲利水準！開盤就買進做多、抱到尾盤出場的策略在「日紅 K」較多的年份勝率或許較佳；一旦遇到「日黑 K」較多的年份勝率肯定不好，唯有透過對行情及策略的追蹤跟檢討，才有機會適時地做出調整與因應。

其實交易要考量的因素很多，上面簡單的機率原則只是個拋磚引玉的分享，除了前面章節所述最重要的：「機率」、「盈虧比」外，「市場胃納量」、「交易機會數」、「商品風險性」⋯⋯也是在交易過程中都要考量的重要環節，而種種的細節也都會跟最後能否持續賺錢密不可分。

2-4
高價股 vs 低價股
當沖該怎麼選？

對於股價的定義，小畢習慣把低於 50 元的股票稱作「低價股」、50～99.9 元歸類為「中價股」、價位 100 元以上的稱作「高價股」。當然這個定義因人而異，並不是絕對，重點是下單前還是得先控管好下單的「總金額」（不是只有張數），做好「總資產」的「**風險控管**」才是最重要的！

發現很多人經常才開始接觸交易，就愛從「高價股」切入，共同的想法都是覺得這樣一次的買賣金額大，做對了才能賺比較「多」，但從來沒有思索過，最後到底是賺比較多？還是賠得更快呢？

▶▶練習測試階段

小畢最常跟大家分享的是，任何一個策略或方法，如果還在練習或試驗階段，建議大家盡量壓低剛開始的學習成本，也就是初期下單的**投資價金**要盡量「小」，最好從「1」張、「低價」開始試驗為優。

原因無他：如果想要成功，就要「多給自己能活在市場練習的機會！」

　　大家進場買賣股票總是為了賺錢，但尚未經過驗證的方式如果一開始試驗成本就很高，能驗證跟調整的次數就相對少了很多，這樣成功的機會自然就大大降低。舉例來說，當有某個新的策略想對市場進行測試，分別使用高、中、低價股來做，這筆「實驗費」的差別如下：

	股價	說明：手續費3折 & 交易稅當沖減半	交易成本
低價股	20 元	20,000 x〔（手續費：1.425‰ x 2 x 0.3）+（交易稅：1.5‰）〕	47 元
中價股	50 元	50,000 x〔（手續費：1.425‰ x 2 x 0.3）+（交易稅：1.5‰）〕	117 元
高價股	100 元	100,000 x〔（手續費：1.425‰ x 2 x 0.3）+（交易稅：1.5‰）〕	235 元

　　以上如果交易都以 1 張來進出，每下單 100 元股票 1 次，可以練習 20 元股票約 4 ～ 5 次，這都還不包括停損的價差。如果依照 Tick 跳動（如前 2-1 節：「股票升降單位」），高價股每停損 1 Tick（0.5 元），等同中價股可以停損 5 Ticks（0.1 元 x 5）、等同低價股可以停損 10 Ticks（0.05 元 x 10），操作高價股次數一旦多了，累積起來的學習成本會非常可觀！

　　想想，倘若身上只有 10 萬元，但每次下單額總是用 50 萬元起跳出手，虧損 2% 的交易成本加上滑價（交易的預期價格和交易執行價格之間的差異）就可能賠掉超過 1 萬元以上，更別說紀律不嚴明、猶豫不停損的話可能虧損加劇，這樣不用 10 次本金就被消耗殆盡、從市場

畢業了，所以在每次下單時，一定要對於下單金額嚴加控管才行！

▶▶另一種「低價股」的優勢

對於交易來說，分批求「平均成本」是一種策略上的優勢。

策略一：假設每次下單額度都固定 50 萬元，當股票價格是 500 元（價金 50 萬元）的時候，只要 1 次出手的機會 50 萬元價金的額度就下完了，進場價位、出場價位就都只有「一個價位」。

策略二：假設下單額度一樣固定在 50 萬元，當股票價格是 50 元（價金 5 萬元）的時候，最多可以有 10 次的出手機會慢慢把部位分批買滿。當進場價位都在不同的點位時，進場成本就能取「平均價」，反之出場也是一樣的道理，如此能讓進出的策略有彈性及更具多元性（當然要是標的 50 元，一次出手就是 10 張，那原本的優勢也就消失了）。

沒有人可以保證自己每次的出手都 100% 精確在最高或最低，一旦有多次機會，就比較能透過次數跟價格分散的優勢，來彌補單一次出手的劣勢了，在策略執行上也可以更有彈性。

2-5

一次專注一檔操作
還是多檔操作好？

每天只鎖定一檔股票來做，還是同時做很多檔會比較好？針對這個問題，其實沒有一定的對錯，主要還是因人而異，會因操作風格跟每個人的條件特質而有所不同，畢竟黑貓白貓，只要能抓到老鼠的都是好貓！在市場交易廝殺，為的就是賺錢，只要在自己「能力圈範圍內」能持續賺到錢的方法，就是「適合自己」的好方法，所以重點在「適合」。

即便這麼說，在每個人的風格成型前，一定有所謂的培養練習時期，如果是在這時期的朋友，小畢還是建議先從少量的標的開始，原因是初期盤中觀察少量的標的，注意力能更加集中，也可以更細膩地觀察各種細節，從一次次的觀盤中，快速培養盤感。

但盤中縱使只觀察少檔數，盤後最好能夠盡量大量覆盤。盤一旦看久了，線圖看多了，就可以進行歸納，有可能你會發現自己能看懂且操作勝率高的線型，往往就是那幾種固定的走勢，未來在盤中就更能對這些熟悉的線型進行關注跟操作。

　　當然能力圈也能透過培養來擴大範圍的，當自己對交易策略或盤中關注的重點更熟稔，也覺得駕馭一檔都能游刃有餘時，盤中可以再多關注 1、2 檔，透過這樣慢慢增加檔數，可以讓自己交易的「機會數」更多。當交易的機會數變多，就像是投資分散一樣，比較不用承擔當天「一檔決定輸贏」的結果。如果交易方式是**正期望值**（如前章節 1-5 所述）的話，反而可以透過「**一致性**」的操作，把獲利機會分散在多檔標的間，這樣除了能避免單檔重押的風險外，績效曲線可能較平滑，而單筆損益的變動變小，在心情更穩定的操作下，交易結果能更接近回測預期，對交易一定有正向的提升。

　　後面使用 EXCEL VBA 寫出一個簡單的模擬程式，假設在每個月（20 天）的交易中，每天定量都下單 100 萬元，當勝率能維持在 55% 的條件下，模擬「3% 停利、–3% 停損」的結果。

　　比較每天下單的 100 萬元是用 1 次下滿，或分拆 4 次下單（每次 25 萬元）的差異，從交易 100 個月（每月 20 天）的模擬最終都達到約 200 萬元的獲利走勢可以發現，多數情況下採用 1 次下滿的方式，績效走勢的波動幅度會比較「大」，分 4 次下單的績效曲線相對會平穩一些。

　　或許你會覺得，最終能達到一樣的結果就好了，這有差嗎？

　　但是當實際在真金白銀的操作狀況下，績效盈虧的波動過程或多或少都會影響交易者的心態，如果波動幅度太大容易造成交易心理

的波瀾，很難保證接下來的操作跟勝率是否依然能維持在之前的標準上，或許各位也可以試著用後面模擬的程式自行來模擬看看。

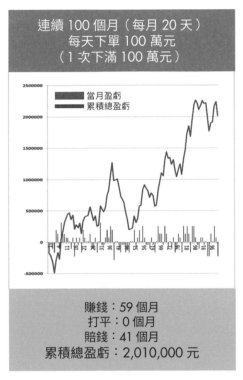

連續 100 個月（每月 20 天）
每天下單 100 萬元
（1 次下滿 100 萬元）

賺錢：59 個月
打平：0 個月
賠錢：41 個月
累積總盈虧：2,010,000 元

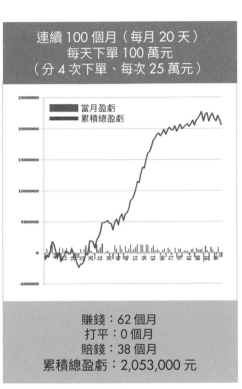

連續 100 個月（每月 20 天）
每天下單 100 萬元
（分 4 次下單、每次 25 萬元）

賺錢：62 個月
打平：0 個月
賠錢：38 個月
累積總盈虧：2,053,000 元

EXCEL VBA 程式範例 — □ ✕

```
Option Explicit

Sub 模擬交易 ()

    ' 常數宣告
    Const 總共模擬月數 As Integer = 100
    Const 單月交易天數 As Integer = 20
    Const 每天下單次數 As Integer = 1              '← 可修改分拆「1」或「4」筆下單
    Const 每天下單總額 As Long = 1000000          ' 每天下單 100 萬

    Const 交易勝率 As Single = 0.55           ' 勝率為 55%
    Const 停利比例 As Single = 0.03           ' 賺錢停利 3%
    Const 停損比例 As Single = 0.03           ' 賠錢停損 3%

    Const 手續費率 As Single = 0.001425 * 0.3   ' 手續費 1.425‰，券商折數 ( 3 折 ) 試算
    Const 交易稅率 As Single = 0.003 * 0.5      ' 交易稅 3‰，( 當沖交易減半 )

    Const 每天每次下單金額 As Long = 每天下單總額 / 每天下單次數
    Const 每天每次下單成本 As Integer = 每天每次下單金額 * ( 手續費率 * 2 + 交易稅率 )

    ' 變數宣告
    Dim 總盈虧 As Long
    Dim 單筆交易結果 As Long

    Dim idx 目前模擬月數 As Integer
    Dim idx 目前交易天數 As Integer
    Dim idx 目前日下單次 As Integer

    Dim 當月盈虧 As Long
    Dim 當月獲利次數 As Integer
    Dim 當月虧損次數 As Integer

    ' 清空工作表
    Range("A:I").ClearContents
```

```
' 輸出：[ 標題列 ]
Range("A2").Value = " 模擬月數 ": Range("B2").Value = " 當月盈虧 ": Range("C2").Value = " 當月勝次 "
Range("D2").Value = " 當月虧次 ": Range("E2").Value = " 當月勝率 "

Range("G2").Value = " 賺錢月數 ": Range("H2").Value = " 打平月數 ": Range("I2").Value = " 賠錢月數 "

Range("G5").Value = " 模擬總盈虧 "

' 模擬 ( 月數 )
For idx 目前模擬月數 = 1 To 總共模擬月數
    ' 每次模擬前歸零
    當月盈虧 = 0
    當月獲利次數 = 0
    當月虧損次數 = 0

    ' 模擬 ( 當月 / 每天 )
    For idx 目前交易天數 = 1 To 單月交易天數

        ' 模擬 ( 當月 / 每天 / 每筆 )
        For idx 目前日下單次 = 1 To 每天下單次數
            Call Randomize

            If Rnd() < 交易勝率 Then
                ' 盈利 (Rnd = 0~0.5499) (55% 勝率 )
                單筆交易結果 = ( 每天每次下單金額 * 停利比例 ) – 每天每次下單成本
                當月獲利次數 = 當月獲利次數 + 1
            Else
                ' 虧損 (Rnd = 0.55 ~ 0.9999) (45% 賠率 )
                單筆交易結果 = –( 每天每次下單金額 * 停損比例 ) – 每天每次下單成本
                當月虧損次數 = 當月虧損次數 + 1
            End If
            ' 更新 ( 當月盈虧 )
            當月盈虧 = 當月盈虧 + 單筆交易結果

        Next idx 目前日下單次
```

```
Next idx 目前交易天數

' 顯示：當月結果
Dim iRow As Integer
iRow = idx 目前模擬月數 + 2

Range("A" & iRow).Value = idx 目前模擬月數                    '[ 模擬月數 ]
Range("B" & iRow).Value = 當月盈虧                          '[ 當月盈虧 ]
Range("C" & iRow).Value = 當月獲利次數                       '[ 當月勝次 ]
Range("D" & iRow).Value = 當月虧損次數                       '[ 當月虧次 ]
Range("E" & iRow).Value = "=C" & iRow & "*100/(C" & iRow & "+D" & iRow & ")"  ' 計算：[ 當月勝率 ]

Next idx 目前模擬月數

' 顯示：最後統計結果
Range("C1").Value = "=SUM(C3:C" & iRow & ")"        ' 加總：[ 當月勝次 ]
Range("D1").Value = "=SUM(D3:D" & iRow & ")"        ' 加總：[ 當月虧次 ]
Range("E1").Value = "=C1*100/(C1+D1)"               ' 計算：[ 當月勝率 ]

Range("G3").Value = "=COUNTIF(B:B,"">0"")"            ' 計數：[ 賺錢月數 ]
Range("H3").Value = "=COUNTIF(B:B,""=0"")"            ' 計數：[ 打平月數 ]
Range("I3").Value = "=COUNTIF(B:B,""<0"")"            ' 計數：[ 賠錢月數 ]

Range("G6").Value = "=SUM(B:B)"                      ' 加總 [ 模擬總盈虧 ]

End Sub
```

2-6
我不是玩一玩或上班
是來創業的！

要在金融市場賺錢絕對「不是」件容易的事情，想專職交易更是難
上加難！原因是當沒有其他收入來源時，你生活「唯一」仰賴的
就是：透過交易取得的「獲利」。只要交易稍有不順，除了沒有收入外，
甚至連存款都會減少，造成的心理壓力，很容易會影響到之後的交易而
掉入惡性循環。

多數人的工作經驗都是從「上班」開始的。通常上班就是以完成
主管或老闆交辦的任務為目標，只要完成自己責任範圍內的事，每個
月的發薪日一到，就有「固定」薪水入帳作為報酬。就算公司虧損也
不太關自己的事情，因為法律會保障勞工基本的權益。

小畢早年創立公司自己當老闆的時候，除了要不斷跑客戶盡力爭
取公司的業務外，還得思考過一陣子客戶的需求是否會改變、並提早
為下一步做準備；甚至需要隨時了解競爭對手的動作跟優勢來做出因
應。從對外公關、行銷廣告、成本控制、風險管控、資金調度、技術

研發、甚至人事管理……每個細節都要顧及、缺一不可。即便在公司處於專案滿載的賺錢時期，也要隨時預防可能的突發事件，因為只要有任何一個環節疏忽或決策錯誤，小則造成公司獲利減少，大則可能導致公司要面臨虧損甚至倒閉！這些親身經驗，讓小畢深刻體認到：當員工和當老闆在心態上有著多大的天壤之別！當一個老闆（經營一個事業）如果不想被市場淘汰，在承擔每個層面的時候需要多麼戰戰兢兢、步步為營！

回到交易上，一個成功的交易人，會是用當「員工」，還是當「老闆」的心態在經營呢？外人眼中的「交易贏家」，似乎每天只要輕鬆按幾下滑鼠就有獲利入袋，而且獲利還可能遠大於一般上班族的薪水。況且入行也不難，好像只要開了戶、跟著大師學習看 K 線、籌碼、指標或學學技術分析……等，開盤後想買就買、想賣就賣，即便做錯了也不用寫什麼報告對誰負責，加上擁有的時間自主權跟不受他人管理的自由……真的很吸引人！

正因為「下單」如此輕鬆，很容易讓人誤以為「交易」這件事很簡單。如果只是想用學到的方法一成不變地操作、或交易過程缺乏自制力的人，要在市場上長期盈利，老實說真的很困難！其中有個很大的關鍵就是「**交易心態**」，身為一個自由交易者，你不是沒有老闆，因為你自己就是老闆！你要能對自己做良好的管理，無論身體、心理、操作行為都是，如果沒有做到，市場最後只會殘酷地用「虧損」

給你當作失職的回饋。

小畢分享自己初入行的心態與做法：因為打從一開始就把交易定義成公司的一項業務來看，所以自然是盡可能用嚴謹的方式一步步經營。就以每天的覆盤跟行情觀察來說，即使交易到現在超過了 15 年，每天收盤後我一定把當天有下單的個股走勢、爆大量 K 棒、K 線圖、買賣點位⋯⋯等必要資訊截圖歸檔並檢討。以 2023 年來說小畢每天下單約 20 檔左右，1 年光自己有交易的個股存圖就會超過 6,000 張，再加上一些盤中沒有做到、但覺得走勢有戲可以作為策略開發的個股，1 年存圖的個股數量少說超過上萬張都不為過。

當相同的案例看久了，或是針對自己的交易做了一致性的統計分析後，漸漸就開始歸納出：「哪些是你要的？哪些是不要的？哪些是你會賺錢的？哪些是會賠錢的？⋯⋯」甚至也能藉此發現近期的行情是否有在改變，以重新思考調整策略的方向。當對自己的做法越來越清楚時，每次下單就不會像是在賭博了。

縱使做交易已經是用當老闆創業的心態了，過程中難免還是會遇到逆境和障礙，但至少在投入前就已經先做足心理建設跟營運計劃，透過「**創業的格局**」跟「**熱情**」比較不會因為短期的不順導致過大的情緒起伏而失控。所以無論現階段的你是想「專職」或「兼職」交易，思考好自己的「下一步」、「下兩步」甚至「停損點」都是重要的！對於公司營運來說，這也是「策略」的一部分，而不是狹隘地只著眼

在點位上要哪裡進？哪裡出？

　　創業維艱，如果說金融交易人已經用老闆的心態、把交易當成創業來嚴謹經營都未必保證成功，那更遑論很多人來市場交易，買賣進出間的動作從未經深思熟慮，甚至還有些「隨便」了。沒有人能保證創業這條路上都能一直順風順水、甚至一定成功。如果無法隨時對交易這件事保持「熱忱」，當遇到交易不順時一定會備感艱辛、甚至感到痛苦……所以在決定全心投入前，一定要思考周全，才能做出對自己負責、適合自己的選擇。

AI　小畢繪圖創作

請～放～人～

人在江湖上，哪有不挨刀？風險不可忽略啊！每天在市場進進出出的，平常沒事都算運氣好，出了事也應該早要有心理準備，尤其是當沖放空的時候，如果碰到被鎖上漲停板又剛好無券，收盤就得要「借券」了！碰到借券都很貴，一晚最高可能就「7%」的利息，真的很像高利貸，一旦遇到了也只能搬錢來放人。如果因此付不出交割款，會導致「違約交割」，個人信用從此會受到很大的影響，千萬要謹慎！

來源：小畢與 AI（Microsoft Bing Designer）共同創作

Part 3

看懂盤面 打底練功

學會當沖的基本工具

3-1

看盤別慌張
走勢與線型不是密碼學

經常會有很多人提出這個問題：當沖要看「走勢圖」還是「K線圖」比較好？這問題很有趣，因為所有的東西都有其利弊，分別敘述各自的優缺點如下：

▶▶ 走勢圖 （江波圖）

走勢圖是連續價格（Ticks）的簡化，因為只顯示固定週期內最後一個收盤價的連線，所以在圖面上看到價格的走勢或轉折會比 K 線更清楚，也比較好觀察價格的趨勢走向。但它的缺點就是沒辦法表達到區間的「最高、最低」價，也就是看不到 K 線上影線的「最高價」跟下影線的「最低價」。

▶▶ K 線（蠟燭線）

K 線是用「開盤（Open）、最高（High）、最低（Low）、收盤

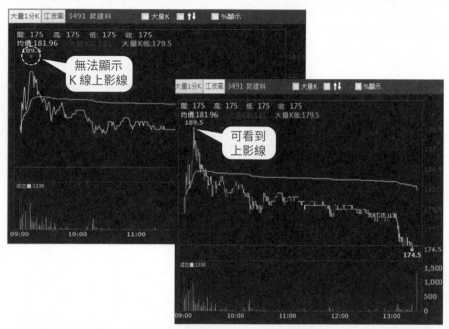

- 上圖為走勢圖（江波圖）：走勢較清晰，但上下影線看不出來
- 下圖為K線圖：線型較雜亂，但可完整表達價格軌跡

資料來源：獵股快手

（Close）」4個價格來記錄固定週期內價格的運作狀況，也可以看作是在這段時間內，「所有連續價格（Ticks）」的「縮影」。恰恰跟走勢圖相反，優勢就是可以看出區間的最高、最低價，資訊較完整，缺點就是紅K、黑K相互交錯的畫面較複雜，在解讀價位的走向需多些練習。

K線記錄4個主要的價格資訊（開、高、低、收），會由以下幾

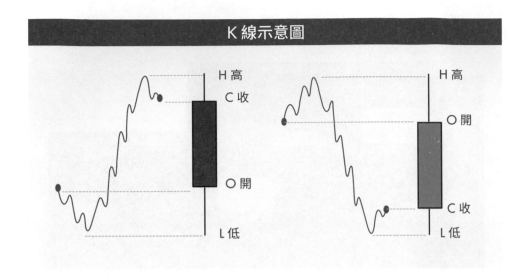

K線示意圖

個部分所組成：

1. 上影線

2. 實體（實紅、實黑）

3. 下影線

無論看走勢圖或 K 線圖，很多人看盤只把注意力放在「價格漲跌」，畢竟賺賠只跟價格有關沒錯，但是如果單把焦點放在短暫的價格跳動，心情通常會跟著起起伏伏，對於交易的決策通常不是正向的，除非你把自己定位在最困難的 Tick 交易者，而你的反應也真的夠快、紀律夠嚴明、做 Tick 真的可以做得很好。

若能把價格的上下起伏當作過程，透過觀察多空雙方逐漸累積的籌碼能量，以及每個支撐、壓力的關鍵價位被測試的狀況，來觀察評

估接下來**力道失衡**將會出現的趨勢行情方向，並透過計劃性的策略進
出場，相對難度會降低、心情也更不慌張、進出也能更有理據。

　　因為 K 線是一段時間內的縮影，因此當看到一根 K 線時，可以
約略想像走勢的過程；或是當看到一段走勢時，也可以反向想像這個
週期走勢所表現出的 K 線樣貌。

　　以當沖來說，縱使交易區間只在 1 天內完成，但依然可以透過前
幾天日 K 線的樣貌，大致了解過去的日內 K 線波動發生了什麼事，有

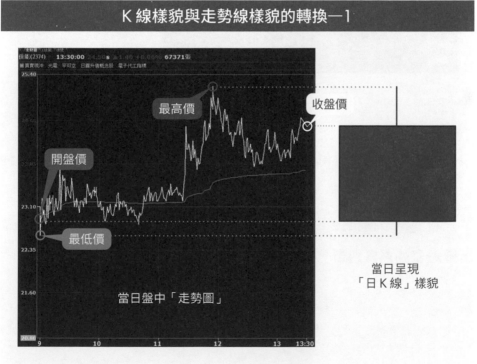

資料來源：凱基全球理財王

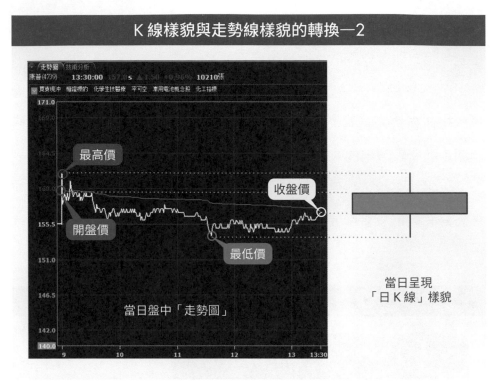

資料來源：凱基全球理財王

沒有哪些點位可能會影響市場心理或形成實質上的支撐或壓力？並跟當下的走勢結合觀察，才有助於更全面地解讀今天的行情走勢，而不單只看著當下價格上下跳動，就在短短的時間、有限的空間內衝動做出極短暫的買賣判斷。

3-2

線圖看不懂？
學會判斷多空走勢

很多人覺得交易只學會看圖形，就等於能「預測」未來的走勢，也就可以直接進場買賣獲利了。如果你已經在金融市場很多年了，一定能跟小畢一樣體會到：金融市場的價格走勢並不像是「1＋1＝2」的數學題目這麼單純，更多時候是當我們以為「2」是正解的時候，接下來卻會出現「3、4、5……」這種出乎市場意料外的答案。之所以會這樣，是因為影響金融市場的因素太多，包含：政治、經濟、消息、資金、籌碼、市場心理……交互參雜，像是蝴蝶效應一樣，任何因子都會造成市場預期心理的改變，進而對行情產生各種化學變化的波動，當然常常就讓人捉摸不定。

通常越短線的看法，存在越多的「隨機」波動，所以看越短就越容易因為這些短線雜訊或隨機波動造成誤判，解決這個問題的辦法只有盡可能把自己的視野跟格局拉大，這樣對「趨勢」的觀察也才會更加穩定。

既然如此，難道就沒有分辨多空可遵循的依據嗎？其實想要觀察行情，就得先掌握一些基本的原則，這樣才能在自己的「交易週期」裡面，依照多空的特性或慣性中觀察，並找出可能獲利的區段執行交易策略。

▶▶多空的辨別

以多頭上漲來說，價格特徵是：一底比一底墊高、一頂比一頂更高，也就是一直在「創新高」。

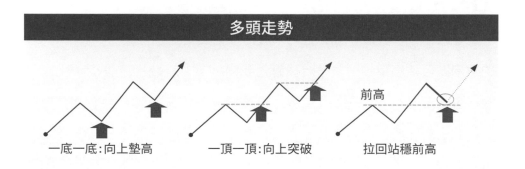

範例：# 倉和 （6538）

當出現價格「帶量」突破「前波高點」，小畢就會視為一個「觀察」的訊號，只要價格能在前波高點「站穩」獲得支撐，小畢會先向下尋找是否有合理的停損點評估最大損失，並設定好風險報酬比後下單買進做多。

多頭走勢觀察

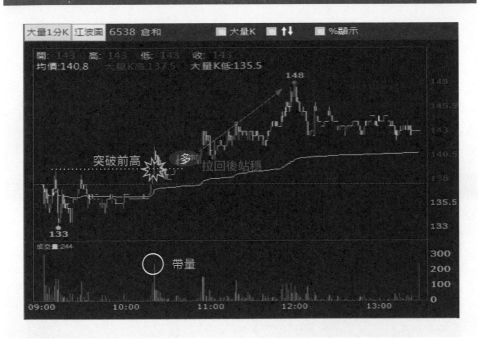

資料來源：獵股快手

　　而空頭下跌來說，價格慣性是：一頂比一頂降低、一底比一底更低，也就是一直在「創新低」。

空頭走勢

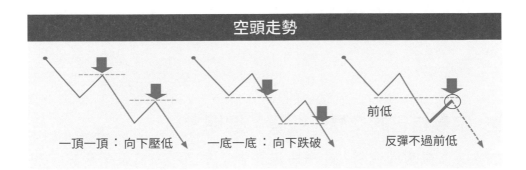

一頂一頂：向下壓低　　一底一底：向下跌破　　反彈不過前低

範例：# 協禧（3071）

當出現價格「帶量」跌破「前波低點」，小畢就會視為一個「觀察」的訊號，只要價格會在前波低點「壓抑」產生阻力，小畢會先向上尋找是否有合理的停損點評估最大損失，並設定好風險報酬比後下單賣出放空。

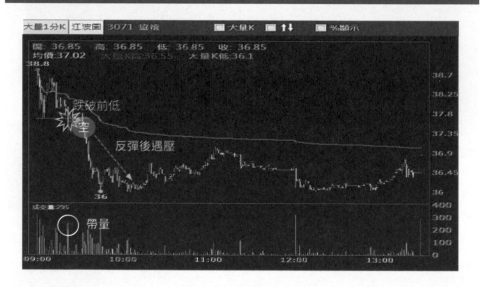

資料來源：獵股快手

▶▶定義自己的交易（觀察）週期

以下頁圖示說明，在一段走勢中（左圖），如果策略設定想

在紅色的上漲段買進做多、在綠色的下跌段賣出放空都沒有錯，因
為只要價差大於交易成本都是可以賺到錢的。但當把週期看大一點
（右圖），其實可以發現整波看來是呈現上漲的，所以較大格局的交
易中，並不會在細微的下跌回檔波中急著把多單砍出、或是反手放
空，除非已經達到出場條件，否則會繼續抱著等待下一波的上漲，
直到趨勢改變。反之在下跌行情中也一樣，看盤週期的大小不同，
會造成當下不同的買賣行為跟交易心態。

大格局操作 vs 小格局操作

較小格局看法的操作
紅色上漲 → 做多買進
綠色下跌 → 放空賣出

較大格局看法的操作
整段視為上漲，不理會回檔波
趨勢未改變前持續抱單

較小格局看法的操作
綠色下跌 → 放空賣出
紅色上漲 → 做多買進

較大格局看法的操作
整段視為下跌，不理會反彈波
趨勢未改變前持續抱單

　　每個人會因為個性及風險承受度等不同的因素，使其對交易週期跟看法都不一樣，交易前要先定義出自己適合的**交易週期**，同時也要練習觀察更大格局，「**看大做小**」會讓自己的交易視野更寬廣，觀察跟思考範圍更全面完整。

3-3

兩種輔助線的
使用與技巧

小 畢交易過程中經常會使用到「趨勢線」跟「移動平均線」，看似平凡的工具，實際上卻很有用，只要多加利用，在觀盤過程中可以更容易觀察出價格的變動狀況，並做出對應的交易動作。

▶▶趨勢線

趨勢線顧名思義是用來觀察一段行情的趨勢是否維持原來行進路徑跟力道的工具，一旦力道轉弱脫離原來走勢的延伸路徑，可能也意味著這段走勢需要暫時休息，甚至因轉弱而發生反轉的轉折行情，可以作為一段走勢的進出場評估，無論在當沖或波段都很好用。

繪製趨勢線的方式如下：

1. 上升趨勢線：找出兩個或兩個以上的**波谷**（波低點），並把這些「低」點連接成線。

2. 下降趨勢線：找出兩個或兩個以上的**波峰**（波高點），並把這

些「高」點連接成線。

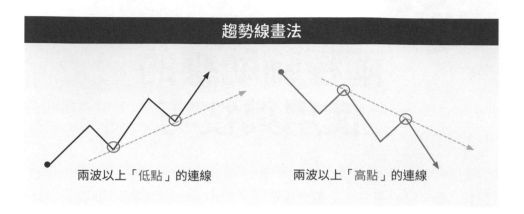

兩波以上「低點」的連線　　　　兩波以上「高點」的連線

當趨勢線畫好以後，就可以繼續觀察價格是不是能夠維持在原來趨勢線延伸的軌道方向前進，一旦出現「多方跌破」或是「空方突破」趨勢線的現象，代表原來的趨勢力道減弱，短期方向可能會改變，而當趨勢線越陡峭時，價格短時間要走回原趨勢線通常難度會比較高。

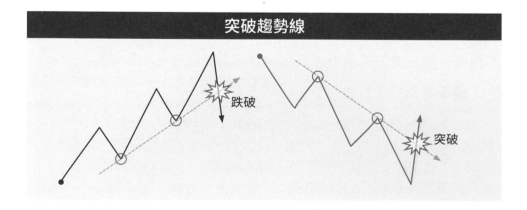

範例：# 眾達 -KY （4977）

早盤快速拉抬，形成陡峭的上升趨勢，當拉抬到高點後，快速回檔跌破陡峭的上升趨勢線，容易形成 A 轉走勢。

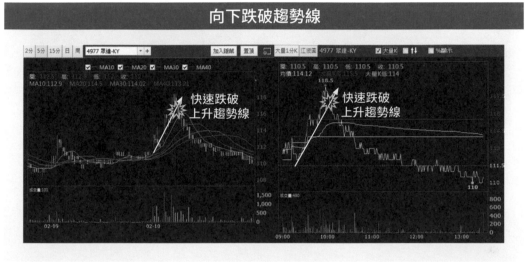

資料來源：獵股快手

範例：# 宏全 （9939）

早盤下殺後由低點反彈不過高並回跌後，形成兩高點可連接成下降趨勢線，當再次挑戰次高點時，向上突破下降趨勢線並持續軋空拉抬。

上面兩個反轉的例子是每天早盤會大量發生的型態，很多個股的主力早盤在拉抬一陣子後多方力竭就開始 A 轉回落了；也有很多時候開盤看似恐慌的下殺，沒多久空方力竭就 V 轉向上回升，透過趨勢線的輔助可以用來觀察力道跟路徑是否發生改變，並擬定自己的進出場策略。

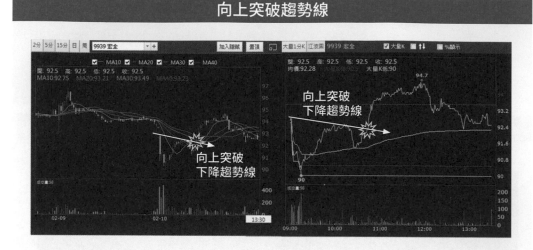

資料來源：獵股快手

▶▶移動平均線（Moving Average）

移動平均線屬於「趨勢追蹤」工具，主要是用來計算一段時間內價格走勢的平均值（平均成本），通常會用連續數根 K 線 的「收盤價」作為計算標準。例如：

MA5 ＝（收盤價 01 ＋ 收盤價 02 ＋ 收盤價 03 ＋ 收盤價 04 ＋ 收盤價 05）÷5，代表最近 5 根 K 棒的平均成本。

用在日線：MA5 就是 5 天（5 根日 K 線）的平均成本。

用在 1 分 K：MA5 就是 5 分鐘（5 根 1 分 K）的平均成本。

台灣的軟體在使用上，一般習慣設定：5、10、20、60、120、240 等週期，用在「日線」上分別代表：5 日（一週）、10 日（半個月）、

20 日（一個月）、60 日（一季）、120 日（半年）、240 日（一年）。

小畢建議，縱使在做當沖，面對**日 K 線**級別的各均線還是要多關注，也不用刻意再找什麼神秘參數的週期看哪個比較準了，原因是當越多人在使用並有「共識」的資訊，會是越值得作為觀察的交易資訊，而月線（20 日）、季線（60 日）對於大多數的控盤主力來說尤為重要，也要多多尊重。

除此之外，小畢平常習慣把週期設定在：10、20、30、40 來看，各均線都間隔「10」的用意是因為「等距」，所以可以更清楚的看到均線間「收斂、發散」的狀況，因此約略評估均線旁價格的「型態」，當型態完整、走勢較平整，均線間的收斂、發散過程通常會較為平滑美麗，也可藉此作為趨勢反轉的停損、停利參考。

移動平均線的使用重點分別敘述如下：

1. 排列方式

    a. 多頭排列

    b. 空頭排列

    c. 糾結 → 發散 → 收斂

2. 交叉方式

    a. 黃金交叉（價格持續向上，短期均線向上穿越長期均線）

    b. 死亡交叉（價格持續向下，短期均線向下跌破長期均線）

3. 扣抵值

　4. 均線斜率

　5. 價格行為

　　a. 站上均線

　　b. 跌破均線

▶▷排列方式：多頭排列、空頭排列
　　　糾結 → 發散 → 收斂

	多頭排列（發散↗）	空頭排列（發散↘）	均線糾結（整理）
均線排列	短均＞中均＞長均	短均＜中均＜長均	相互糾結
均線方向	穩定向上↗	穩定向下↘	忽上忽下

均線向上發散

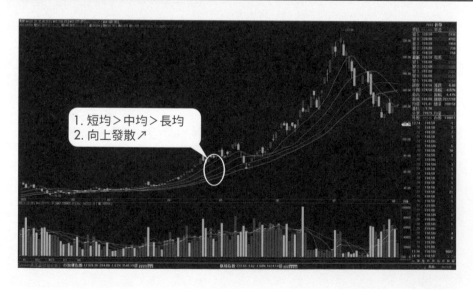

資料來源：元大 Yeswin 越是贏

均線向下發散

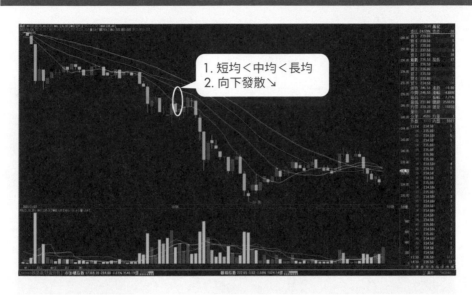

資料來源：元大 Yeswin 越是贏

▶▷交叉方式：黃金交叉、死亡交叉

黃金交叉、死亡交叉

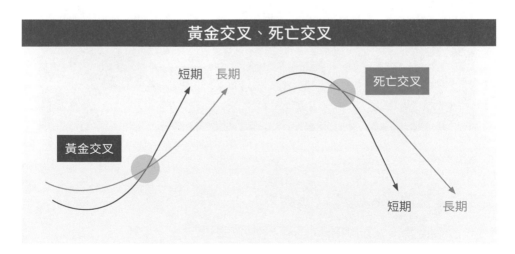

範例：＃美時（1795）（轉折多）

1/13 收盤後，均線排列已由「空頭排列 → 糾結盤整」。

1/16 開高盤後先下殺測試平盤，當止穩後價格上拉，均線排列就逐漸由「糾結盤整 → 多頭排列」，如果多方在洗盤拉高後有攻擊企圖，會沿均線發散方向持續上攻。

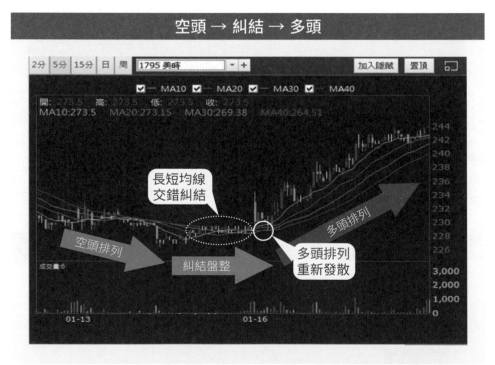

資料來源：獵股快手

範例：＃保瑞 （6472）（延續多）

2/7 收盤後，均線排列已經是「多頭排列」。

　　2/8 出量開高盤後先下殺測試平盤支撐，止穩上拉至高點繼續沿著均線發散方向上攻。

資料來源：獵股快手

範例：#立端（6245）（轉折空）

　　2/3 收盤後，均線排列由「多頭排列 → 糾結盤整」。

　　2/6 開低出量後先上拉測試平盤，遇壓後返回低點，均線排列逐漸由「糾結盤整 → 空頭排列」，在多方抵抗力竭後，有攻擊企圖的空方會持續沿均線發散方向壓盤下殺。

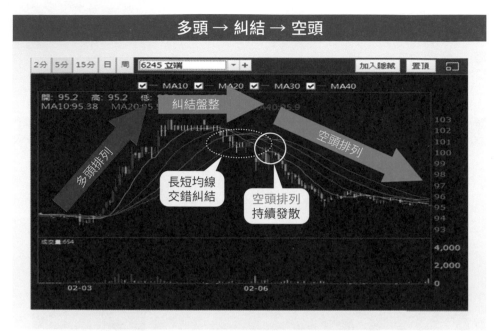

資料來源：獵股快手

範例：#愛普（6531）（延續空）

6/30 收盤後，均線排列已經呈現「空頭排列」。

7/1 開高出量後，先向上挑戰日高，然而企圖扭轉行情未果，當重新跌回低點及所有均線下方後，就沿著原均線發散方向持續下跌的出貨（見下頁圖）。

▶▷均線扣抵值

因為移動平均線是計算數根 K 線的平均數值，每新增 1 根 K 線，

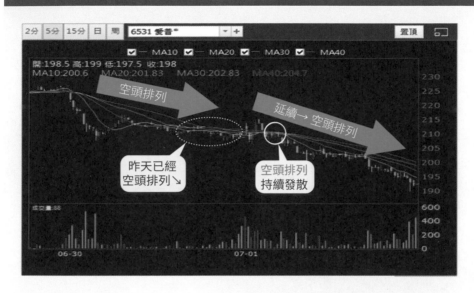

資料來源：獵股快手

均線數值的計算來源就會改變，也就是刪除原本數列中「第 1 根 K 線」的數值，並加入「最新的 K 線」數值來計算新的平均值，而這個被刪除的 K 線數值，就是所謂的「扣抵值」。

以 MA5 來說明，當出現最新 1 根 K 線數值「收盤價 06」時，因為只計算最近 5 根 K 線數值，所以會將最早的「收盤價 01」刪除，而這「收盤價 01」就是所謂的「扣抵值」。

了解扣抵值的好處是透過比較「新收盤價（收盤價 06）」跟刪除的「舊收盤價（收盤價 01）」大小，就能知道接下來均線會呈現「上揚↗」還是

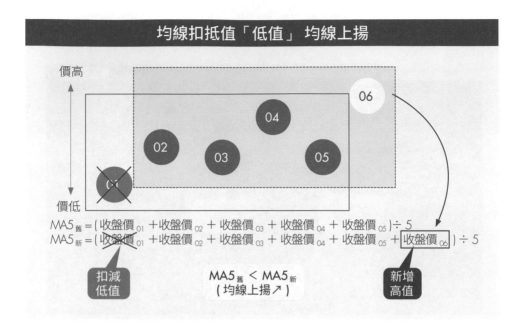

均線扣抵值「低值」 均線上揚

價高

價低

$MA5_{舊} = ($ 收盤價$_{01}$ + 收盤價$_{02}$ + 收盤價$_{03}$ + 收盤價$_{04}$ + 收盤價$_{05}) ÷ 5$

$MA5_{新} = ($ ~~收盤價$_{01}$~~ + 收盤價$_{02}$ + 收盤價$_{03}$ + 收盤價$_{04}$ + 收盤價$_{05}$ + $ 收盤價$_{06}) ÷ 5$

扣減
低值

$MA5_{舊} < MA5_{新}$
(均線上揚↗)

新增
高值

均線扣抵值「高值」 均線下彎

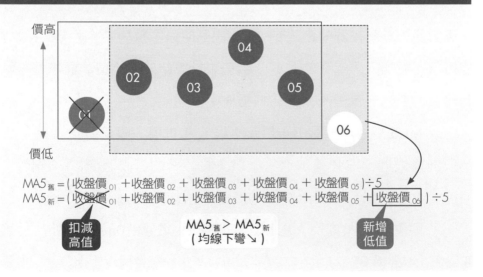

價高

價低

$MA5_{舊} = ($ 收盤價$_{01}$ + 收盤價$_{02}$ + 收盤價$_{03}$ + 收盤價$_{04}$ + 收盤價$_{05}) ÷ 5$

$MA5_{新} = ($ ~~收盤價$_{01}$~~ + 收盤價$_{02}$ + 收盤價$_{03}$ + 收盤價$_{04}$ + 收盤價$_{05}$ + $ 收盤價$_{06}) ÷ 5$

扣減
高值

$MA5_{舊} > MA5_{新}$
(均線下彎↘)

新增
低值

「下跌↘」狀態，藉此先評估均線的走向及價格趨勢延續的方向。

當均線扣抵「低值」時，代表新加入的價格比扣抵值（被剔除的舊數值）「大」，重新計算的結果會讓平均值比之前更大，均線會呈現上揚↗。

當均線扣抵「高值」時，代表新加入的價格比扣抵值（被剔除的舊數值）「小」，重新計算的結果會讓平均值比之前更小，均線會呈現下彎↘。

▶▷ 均線斜率

觀察「扣抵值」除了可以預測接下來移動平均線會上揚或下跌外，還可以透過新加入、舊剔除兩值的「差額大小」觀察出接下來移動平均線延續的速度（角度），如下範例：

MA5（舊）＝（53.6 ＋ 56.1 ＋ 61.7 ＋ 65 ＋ 68）÷ 5 ＝ 60.88

MA5（1）＝（~~53.6~~ ＋ 56.1 ＋ 61.7 ＋ 65 ＋ 68 ＋ 66.3）÷ 5 ＝ 63.42（↗移動平均線上漲 2.54）（63.42 – 60.88）

（新增 66.3，扣抵 53.6，差額 66.3 – 53.6 ＝ 12.7）

MA5（2）＝（~~53.6~~ ＋ 56.1 ＋ 61.7 ＋ 65 ＋ 68 ＋ 70.2）÷ 5 ＝ 64.20（↗移動平均線上漲 3.32）（64.20 – 60.88）

（新增 70.2，扣抵 53.6，差額 70.2 – 53.6 ＝ 16.6）

從上面可以發現，MA5（2）新增加的值「70.2」大於 MA5（1）新增的「66.3」，因此 MA5（2）上揚的速度會比 MA5（1）來得更快更陡峭。

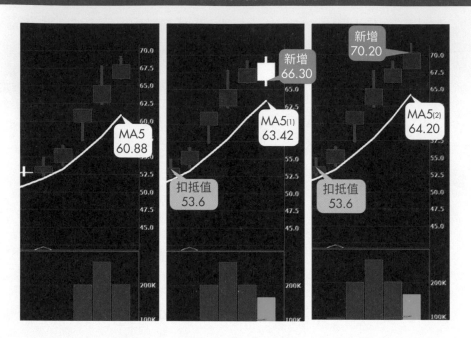

資料來源：XQ 全球贏家

3-4

漲跌的重要關鍵：
價量關係

在金融市場中，有錢的人想買股票就付錢買進，有股票的人覺得想換錢就賣出，在一買一賣的過程中不斷「成交」，而這個成交的共識價格跟數量，就是所謂的「成交價」與「成交量」。

價格跟量永遠是交易最需要重視的訊息，一般狀況下小畢都是以「價格」為重，因為當我們下單後，帳戶的「賺賠」只跟「價格」有直接關係，所以進出場的策略考量就要以價格為主體，除非對於交易的標的來說你是大部位交易者（買賣進出時會直接影響價格大幅滑價或漲跌），這時要再額外考慮所謂的流動性及滑價問題。

很多人也知道要看成交量的資訊，更想從中解讀「多方量」或「空方量」。其實正確的觀念是：**成交量是「中性」的！**

當成交量是 1 張，代表的意涵就是 1 張買單跟 1 張賣單成交；成交量 1,000 張，代表的就是 1,000 張買單有另外相對的 1,000 張賣單跟他互相成交，才會有這個「成交」量。既然多空方都有相同的數量成交，

要怎麼說這是多方量還是空方量？交易者頂多就是透過觀察後續「價格」的漲跌變化，才能斷定這些成交的買賣雙方到底是哪邊處於獲利？哪邊陷入虧損？進而評估出價格後續容易被推進的方向，而採取該有的交易動作。

觀察成交量有一個重點，就是要觀察「爆量」，因為通常爆量不會是散戶做出來的，多數是由主力大戶因為某些意圖（拉高出貨、壓低進貨、對敲引誘），或是在線型上想做出某些誤導市場的方向（假突破、假跌破），或甚至就真的發動攻擊所產生的爆量訊息。當這些訊息在盤面上出現時，機靈的交易者就要盡快把目光焦點轉移到這些標的上，「觀察」在爆量後「價格」的漲跌表現，並執行對應的交易策略。

通常多空伴隨趨勢發展的價量會有以下特性：

1. 多頭：

●價漲↗量增↗

●價跌↘量縮↘

2. 空頭：

　●價跌↘量增↗

　●價漲↗量縮↘

　●價跌↘量縮↘

　　經驗上來說，股票要健康長久持續上漲，一定得伴隨資金不斷投入讓股票不斷換手、成交量也持續放大，並在高檔沒有人持續買進時，也因為大家對股票的認同惜售，股價只會出現部分獲利調節賣壓做小幅量縮回檔，並等待下一次新資金重新回流市場讓股價繼續上漲，這是一個健康的多頭型態，因此上漲**有量**對多頭來說是很必要的。

　　空頭就不是這麼回事了，因為籌碼是由資金所堆積撐起來的，

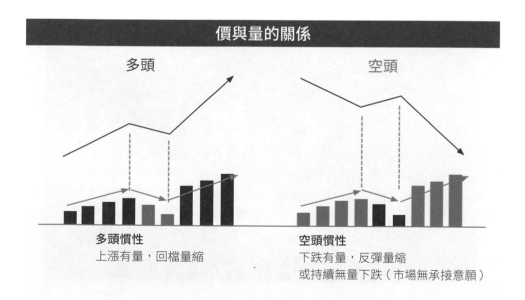

價與量的關係

多頭　　　　　　　　　　　　　　空頭

多頭慣性
上漲有量，回檔量縮

空頭慣性
下跌有量，反彈量縮
或持續無量下跌（市場無承接意願）

只要沒有人願意持續買進，一旦有人想脫手套現，就容易造成價格下跌，更遑論當大量持股人急於出脫卻找不到資金接手，很容易造成股價快速崩跌；因此無論有量、沒量都可能讓價格下跌。

在下跌過程中，可能也有人覺得現在價格很便宜了想逢低承接，造成低檔的短彈行情，一旦沒有持續買盤（量縮），或有人想大量抄底買進，卻無力消化原先套牢賣壓讓股價再次回落，很容易形成新一波的套牢籌碼，再一次形成連環套的人踩人下跌效應。

範例：# 偉訓 （3032）

價量呈現多頭慣性，上拉出量、回檔量縮。

資料來源：獵股快手

範例：# 安勤 （3479）

價量呈現空頭慣性，下殺出量、反彈量縮。

資料來源：獵股快手

▶▷價量的延伸：技術指標

價量結構是交易中最本質的資訊，而各種技術指標就是為了輔助解讀這些資訊應運而生。

技術指標通常會依照不同的目標把原始的價量資訊反覆計算，以現在券商的軟體也都能快速地將計算結果圖像化讓交易人更容易判別，但是指標這麼多，如何正確理解與運用呢？

　　記得剛接觸股市的前兩年，因為小畢只是個門外漢，在沒有金融跟財務分析背景的狀況下，最簡單直覺的入門方式就是從技術面著手，所以剛開始很熱衷研究各種技術指標，以為只要學會所有的指標怎麼用，甚至天真到覺得只要給予各個指標不同的權重評分，接著把所有指標的買賣訊號整合起來後跟著買進賣出就能賺到錢，因此花了很多時間研究各指標的特性、計算方法、參數最佳化……等。當時程式交易或系統回測的資源很少，但小畢自認有寫程式的專長，所以就先把每個指標的算法搞懂，接著土法煉鋼花了大把時間寫程式回測後才發現，無論各種指標都會時靈時不靈，尤其短線交易更是明顯的長期不靈，甚至還每天都多空雙巴，長期跟著單一指標操作好像也沒有書上講的那麼簡單可行。

　　就這樣一直在趨勢指標、擺盪指標、量能指標、價位指標間反反覆覆的無盡輪迴中，直到某天小畢突然有個體會：既然指標的結果大多都是經由「價、量」反覆運算而來的，目的也只想透過結果「推估預測」接下來「價格」怎麼走，那麼早在指標產生變化前，價格或量能不就已經反應一段時間了？否則哪來的計算資料？

　　這麼說來，指標還是相對價量資訊落後的，以「短線」來說，似乎有點緩不濟急，應該還是得直接關注「價、量」才是所謂的「第一手」資訊。

　　時至今日，小畢只在較長線的週期偶爾選看某些技術指標，至於

在短線當沖時，盤中就只需要專注觀察「**價量變化**」跟「**市場情緒**」為主，以減少其他雜訊來干擾當下的決策。

　　小畢的想法是：指標在短線上並非完全不能用，如果真的採用，策略思維，用指標專屬的特性來輔助你解讀行情會比較合適，否則如果想略過自己的判斷，單純只想靠指標的買賣訊號就決定要買要賣，卻缺乏完整的策略，以小畢自己的經驗來說，這離長期穩定獲利或許還有一段路要走。

3-5

想要攻？先會守！

金融交易的世界中，如果不是只為了好玩在下模擬單，就得拿出真金白銀丟進市場驗證自己的看法，看對的獎勵就是帶著贏來的籌碼進行下一筆交易，看錯了就得為此付出代價繳學費，如果沒辦法在失敗中學到些什麼，可能就會一直重蹈覆轍，無止盡地把自己辛苦累積的本金丟進茫茫股海中。

極少數的人在一進入市場就能馬上掌握獲利的關鍵跟細節，羅馬不是一天造成的，就算是市場中的贏家，多數也是從做中學、學中做慢慢一步步穩紮穩打，慢慢累積才能有所成就的。

小畢看到多數剛進股市的新手總是很心急，通常都只是把目標放在「因為沒錢，所以得『趕快賺到錢』」上面，下場後經常就會出現像是：心急追價、貪心不出、不甘心凹單、來回重倉……等等的錯誤行為，而這些行為很可能會在某一次的重大失誤中就直接被市場淘汰出局，失去辛苦累積的本金著實可惜，一旦出現大額負債，想必接下

來的生活會更加辛苦。

小畢剛開始接觸個股期貨時，是從最小單位「1口」開始下單的，因為要確保在還沒穩定的階段本金耗損的速度會最慢，直到持續獲利1年穩定以後，小畢才開始考慮增加下單口數；而開始現股當沖後，也都先從最少的「1張：低價股」開始嘗試，所以經常也建議大家，如果你還不能掌握自己的交易行為或確認交易策略長期是否可行，就先從「最小單位」開始做起。

從最小單位開始下單還有一個好處，就是一旦你是透過從「最小單位」慢慢累積出獲利的話，當未來碰到交易逆風發生獲利回吐時，心態上也會比較容易把部位縮小，因為你知道當初是這樣慢慢把資產越做越大的，你曾經走過、也知道可行，就會願意縮小，且在縮小部位的同時，就算持續面臨逆風期，獲利回吐幅度也會變小，帳戶持續受到的衝擊就會變小，讓資產獲得較大的保護狀態。

反觀如果一開始是透過大進大出的模式，也幸運獲得了成功，一旦遇上績效突然回落，往往人性跟習慣會讓自己想用更大的進出金額快速彌補資產虧損的缺口，而這種忌諱的「重倉交易」模式，往往會讓人更快落入失敗的深淵。

2019年底新冠疫情大爆發後，為了避免人與人接觸的染疫風險，全世界的工作模式頓時大量轉變成在家工作，白天在家工作自由的狀況下看盤投機頓時成了全民運動。在飆漲的行情下，很多勇於冒險的

「少年股神」紛紛在 2020 ～ 2021 年間橫空出世，不是賺個幾千萬就是幾個億的故事也時有所聞，甚至因為媒體大量報導，讓很多人紛紛辭職來專職交易。但是 2022 年台股變成空頭市場，加權指數崩跌將近 6,000 點後，網路留言板上出現滿滿因此受到重擊、甚至殞落負債的一系列畢業文！

贏家跟輸家的交易方式或勝率，有時候並沒有太大的差別，贏家不一定勝率就比較高，交易手法也可能是眾所皆知的方式。當順風行情時大家都賺錢很正常，但輸贏卻往往是在逆風行情中顯現出來。通常贏家會在更快的時間對行情「認輸示弱」，把部位「先縮先守」，而輸家往往會不服輸逞強，把部位擴張硬拚！光是這樣的差異行為，時間只要一拉長，輸贏結果立見！

因此遇到交易逆風的時候，千萬記得：輸要「縮」、不順要「守」是鐵則！只要守住自己的本金，留得青山在，未來就還有柴可燒，還有重起爐灶的機會！

交易損失的計算公式如下：
損失金額 ＝ （下單金額）×（停損 %）－（交易成本）
（停損%為負）

💡 **小畢提醒**

如果執行某策略，剛好這陣子的行情讓這個策略都處在逆風低潮期，可以很清楚知道：只要縮小「下單金額」，總損失金額就會減少。

別牽一隻羊
掉一頭牛

來到股市總是為了賺錢，當下單進場看到獲利後，想趕快把賺到的錢放進口袋增加心理的踏實感也是人之常情，但是大多數人用這樣的方式長期運作一陣子後，結果是賺錢？還是賠錢呢？很顯然的多數答案會是賠錢的，尤其在現股當沖裡面，做越短的人想長期賺到錢，困難度會越高，因為「交易成本」很高！如上節討論過的交易回報公式：

> **交易賺賠的計算公式如下：**
> 賺賠金額 ＝（下單金額）×（停利 % 或停損 %）－（交易成本）
> （停利%為正；停損%為負）

如果每次的「下單金額」都固定，勝率剛好就是 50%，當不考慮「交易成本」的狀況下，只要「停利 %」小於「停損 %」，最後的結果鐵定就是虧錢的，更何況再加入交易成本的狀況下呢？

範例（不考慮交易成本）
50% 賺錢金額：10 萬元 ×（＋ 1%）＝＋ 1,000
50% 賠錢金額：10 萬元 ×（－ 2%）＝－ 2,000

結論：長期下單，鐵定賠錢

　　縱使「停利 %」等於「停損 %」，結果依然虧錢，因為現實的狀況就是最後虧在「交易成本」上，依然是下單額越多虧損越大。

　　另外不知道大家有沒有過這樣的經驗？當交易不順遇到連續虧損的時候很不甘心，這時心理突然出現一個「多少都要賺一些回來」的聲音，但是因為信心已經受到嚴重打擊，就變成只要一看到帳上有賺就想趕緊獲利的心態。當心理只想跑短，行情的隨機洗刷反而讓勝率更下降到連 50% 都不到，虧損的次數跟金額持續增加又讓自己想跑更短，到最後甚至陷入做短多也錯、做短空也錯的多空雙巴結果，而這樣多次來回的惡性循環下，反而讓自己的帳戶陷入更大的跳水賠錢風險中。

　　當要進行任何一筆交易前，一定要先評估是否有合理的「**風險報酬比**」，而風險跟報酬的比較是相對的，而不是單看一邊的絕對金額。

　　例如：眼前出現一個 90% 能賺到 100 萬元的機會，你是否會心動進場呢？

相信不少人在看到勝率高、獲利又不錯的機會就會準備進場了，但是以小畢來說會優先確認 10% 虧損的「風險金額」是多少才決定。有可能這 10% 的虧損金額是賠 1,000 萬元，那麼即便 100 萬元的獲利跟 90% 的勝率很誘人，但依照如此懸殊的風險報酬比（1000：100 ＝ 10：1）看來，這明顯就是個「大賠小賺」的結構，或許真的進場幾次會因為勝率高賺到 100 萬元，但只要賠一次就是個「大賠」，接下來得花 10 次才賺得回來！

再用前面章節分享的「期望值」的概念計算也可以發現，這樣的機會期望值是負的：

（100 × 90%） ＋ （－1000 × 10%） ＝ －10

也就是說，縱使乍看之下 100 萬元的獲利很誘人，勝率也很高，但這種交易絕對「不能做」，除非你決定要「賭」那個 10% 的大虧「不會發生」在「這一次」，但在交易中很神奇的是：就算只是低到 1% 的賠錢機率，也有可能偏偏就在這次真的發生在自己身上！

以小畢經驗來說，當沖可以先從風險報酬比「1：2」來著手練習，如果你的勝率夠高，「1：1.5」或許還可行，但是再低可能就較難穩定獲利了，因為除了高昂的交易成本外，在每次買進、賣出的當下，可能還有「下單誤差」跟「滑價風險」在侵蝕獲利，而這些嚴苛的條件也在在考驗著交易人每次精準的下單執行力跟穩定度，尤其是「心態」的穩定度更為重要。

範例（不考慮交易成本）
50% 賺錢金額：10 萬元 ×（＋ 2%）＝ ＋ 2,000
50% 賠錢金額：10 萬元 ×（－ 1%）＝ － 1,000

結論：長期下單會賺錢

　　至於在風險（停損點）的考量跟拿捏原則上要「小而明確」，所謂的停損小並不是只抓個 2 Ticks 叫小，因為 2 Ticks 很可能價格隨機掃一下就觸發停損，真的停損了也對於價格走勢並沒有特別的意義，除非你是位 Tick trader，否則所謂的小風險是依照操作的週期不同而定。以台股現股當沖最大週期的日內波操作來說，小畢會採取 2% ～ 5% 的停損並視為合理範圍，因為用風險報酬比 1：2 來說，停利 4% ～ 10% 是可能達成的，而通常停損超過 5% 以上就會視為大賠的結構，況且個股一整天的振幅要超過 10% 的數量並不是那麼容易也沒那麼多，光一次停損就達到 5%，表示當天已經高機率誤判了，必須要盡快停損避開風險才是！

　　另外用「有意義」的支撐、壓力點作為「風險防守點」或「獲利目標點」也有利於「風險報酬比」的評估，以當沖來說小畢會參考一些關鍵點（例如：均價線、日高、日低、平盤、波段高低點……），並適時讓出一些緩衝的滑價空間以防被隨機的價格掃到，形成無謂的停損。總之在交易前，我們一定得想著如何「用一隻小羊、換取一頭

大牛」，而不是為了「牽一隻小羊、反而失了一頭大牛」，在交易中的「賺大賠小」並不只是一句口號，而是在每筆交易開始前就得謹慎計算好，否則真的很容易得不償失啊！

AI 小畢繪圖創作

危機四伏、步步驚心

每天在股市溜達會不會像是在「霧裡看花」呢？縱使偶爾能看到美麗的小花，但多半在濃濃大霧裡走著走著，危險的巨型「食人花」就會突然出現在面前！如果沒有三兩三，千萬別上梁山。

來源：小畢與 AI（Microsoft Bing Designer）共同創作

Part 4
進階技巧 提高勝率
增加當沖勝率的專業知識

多空交戰
小心被套牢！

金融市場是真金白銀輸贏的市場，大家都是拿辛苦存來的錢作為籌碼，並依據自認的漲跌預測來押注。

任何一個時間點的多空雙方，就像兩軍對戰，在交戰過程中，有時多方強勢、有時空方占優勢，當勢均力敵互有拉鋸時，行情就會呈現膠著，這時只要一邊出現轉弱甚至倒戈，一旦最後的信心防線被對方突破，就容易出現「兵敗如山倒」人踩人的潰堤行情，而通常大家在等待的大行情就可能在這個時候產生！

短線戰場上比較屬於籌碼戰，捉對廝殺卻如同梭哈，大魚吃小魚、小魚吃蝦米是常態，誰的籌碼多，誰就容易掌控行情，把價格壓迫到對方防守的底線。

當雙方都設法守住價格、押注籌碼，只要力量失衡，行情走向一方，虧損的一方就會越賠越多，心理承受的壓力也隨之越來越大，當多數部位呈現套牢虧損，虧損金額又超過心理負荷的當下，該回合的

勝負就出現了。

通常小畢看到「**爆量**」現象就會多加注意，因為代表著多空雙方都「**大量押注**」，這時候如果能觀察到某方猝不及防被套牢、之後又無力反擊，或許就能夠掌握到一次好的進場機會。

以 K 線來說，當上漲到高點出現**吞噬黑 K**，代表有人買高被套牢；或下跌到低點出現**吞噬紅 K**，代表有人空低被套牢，就可以注意這些套牢訊息。

高、低點套牢

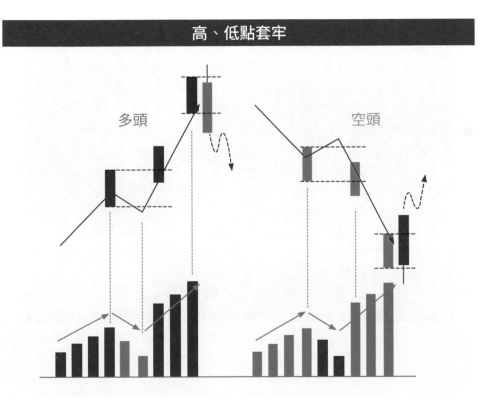

範例：# 中砂（1560）

開盤後迅速拉抬，5 分 K 爆出近幾天的大量，但價格隨即在下一根 5 分 K 反轉向下，跌破**爆量紅 K** 的**低點**，造成開盤前 5 分鐘買進的所有多單都陷入套牢虧損狀態，接著引發一連串多單停損的下殺行情。

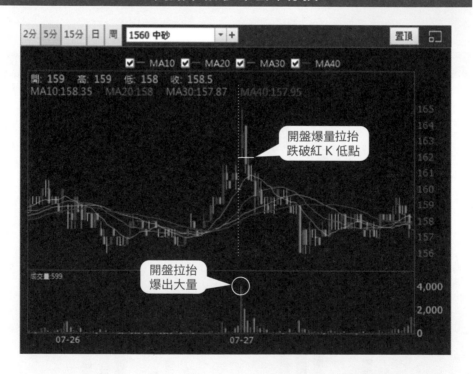

來源：獵股快手

範例：# 鈺創 （5351）

開盤爆量拉抬，甚至出現高檔出貨量拉回，並在第一根爆量 5 分 K 的高低點間來回震盪約 2 小時後，跌破早盤爆大量紅 K 的低點（也是開盤價），價格持續盤整約 1 小時也未見多方抵抗，而均線此時也開始呈現蓋頭反壓，原本抱有一絲希望的多方不耐久盤就容易開始停損賣出。

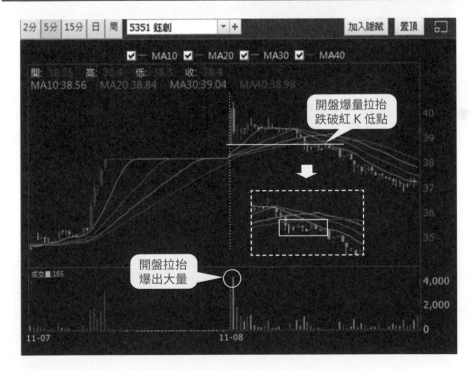

來源：獵股快手

範例：#連宇 （2482）

一開盤就出現賣壓下殺爆量，隨後價格止跌緩步向上，並逐漸向**爆量黑K**的**高點**挑戰，在突破站穩後，開盤放空或賣出的人呈現軋空套牢或賣錯軋空手，遲遲等不到價格回落低點，尾盤空方就得認錯加入多方，造成行情持續向右上角作收。

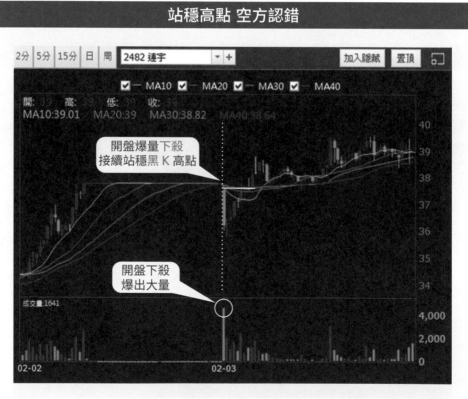

來源：獵股快手

4-2

你怎麼想？市場怎麼走？
反市場思考

現今的新聞媒體報導、大數據統計、股市相關資訊揭露……越來越透明即時，大家短時間能知道的訊息跟 10 年前比起來更多更快，就算不知道，只要願意上網查詢，大多可以立刻查到，甚至不久的將來，AI 都能天天主動跟我們匯報。像這樣的年代來說，有什麼政治、經濟、財務、技術、籌碼……等的股市分析跟資訊，是我們獲取之後，跟別人相比能更具優勢的？總之你知道的，別人也都知道，你看到的，別人也都看見了，大家有一樣的訊息、一樣的分析當作投資交易的依據，摒除內線消息外，還有什麼可能造成輸贏的差異？

簡單講一個小情境：假設 5 個人手上各有 100 元作為一次猜硬幣正反面的賭本，猜對的人就平分猜錯人的籌碼，如果你是唯一那位可以知道其他 4 人押注方向的人，當發現其他 4 人都押「正面」的時候，你會為了「心安從眾」而選擇跟大家一起猜硬幣是正面，還是直接站在大家的對立面押「反面」呢？

以數學的角度，我們可以分析一下：

1. 你猜正面

　硬幣擲出正面，沒人猜錯，大家也都不賺不賠。

2. 你猜反面

　●硬幣擲出正面：你賠了 100 元，其他 4 人猜對均分 100 元（1人各得 25 元）。

　●硬幣擲出反面：你賺了 400 元，其他 4 人猜錯各賠 100 元。

可以看出如果以「對賭」來說，站在少數對立面的好處，少數面在獲勝的報酬率，高達多數面的「16 倍」（400 ÷ 25）。

如果市場上的籌碼是固定的，而贏家又永遠都是少數，意味著多數散戶的財富，長期總是流向少數贏家的口袋中，而贏家之所以在一樣的資訊中買賣交易，但結果卻跟散戶大相逕庭的主要原因就是在過程中，他一定做出了跟大多數人相反的解讀及操作方向，或是他同時具備知道多數人押注方向的資訊及控制市場方向的能力。

並不是說每次趨勢成形行情大好在上漲的時候，我們就要很反骨的去放空操作；而大環境真的不好行情低迷的時候，我們又要反骨去大買特買股票（除非是你原本就計劃好的策略，例如：買進優質不會倒的公司股票或 ETF 作為存股，或是手骨夠粗資金夠雄厚）。然而如果你是位「投機」交易者，就必須多觀察市場氣氛、多培養思考邏輯，常問自己「**為什麼**」？這有時比一心想找是否有「股市聖杯」進步得

更快！

當「利多」新聞出來，股價確實漲了，正常！但有時卻反向大跌！奇不奇？

當「利空」新聞出現，股價確實跌了，正常！但有時卻反向大漲！怪不怪？

當想通了，也沒什麼好奇怪的，如果已知短線的市場經常就是籌碼間的對戰，當散戶學會的、認為是對的事情，也正是控盤者知道散戶所知道的，那麼要讓對手的錢流到自己口袋的方式自然就是運用新聞資訊及自己的資金實力讓散戶「做錯」，而真正「對」的方向，通常就是多數散戶認為是「錯」的方向。

在市場情緒上，往往也會透過一些大眾氛圍或報章媒體，讓大家形成「共識」：

這是利多！這是利空！

經濟大好！經濟大壞！

這一定是……！這肯定會……！

當市場大量出現這些聲音，可以多多注意行情接下來是否有走反方向的可能，因為少數能控盤的人，總是能賺多數人「自以為正確」的錢！

金融市場天天都有奇怪的事情，而越奇怪往往就會產生越大的行情，總之：**驚奇怪異之所在，獲利機會之所在！**

4-3

被甩之後 才是最美！

追漲、殺跌是一般人很直覺的操作反應，應該不用訓練，天生下來就會。看到想要買進的股票一路上漲，自己卻還沒買到，忍無可忍二話不說先追買再說，只是……在買進的下一秒可能又後悔了，因為價格開始慢慢跌、直直落，又是跌到一個忍無可忍的停損點位只好砍出，於是……它又上去了，懊惱地發現其實剛剛停損的地方要加碼買進才是對的，早知道：**不要停損！**（結果下次就準備凹單大賠！）

　　通常盤看久了，有時還是會累積些經驗跟盤感才能看出行情接下來要走的方向，雖然看對下單，但卻先被打到停損後行情才發動，使得這次沒賺到，這通常代表的是策略設定的停損範圍禁不起價格的「波動幅度」。簡單來說行情要發動前，主力常會先做出「甩轎」的動作，目的當然是為了甩出看太短的不安定籌碼，也讓自己接下來作價的阻力變小，這樣行情才能走得更順更遠，而甩轎的方式是什麼呢？

　　●拉抬前，先下殺甩出多單，之後會更好拉抬。

●摜殺前，先急拉軋出空單，之後才更好下殺。

範例：＃創惟（6104）

開盤先急拉引誘多單進場，讓人以為今天要向上攻擊，拉到早盤高點後快速反轉，並連續 2 次破底殺多（誘空）甩轎後，重新拉升到均價線上及當日高點間進行盤整，在接近 12 點進行多方突破的攻擊走勢。

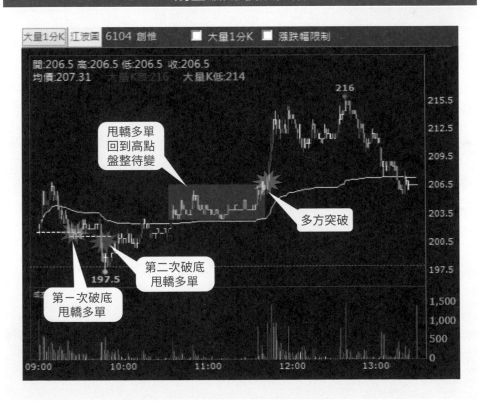

來源：獵股快手

範例：# 台林 （5353）

基本上前一天漲停板或停在漲停附近卻無法鎖上的股票，隔天必定是很多當沖客加入自選股清單當作觀察的目標，共同的想法一定是只要它轉弱就要放空操作，更遑論當天開盤直接開低，那麼大家一定都會想：「那麼爛？不踹他今天要踹誰？」

台林 （5353）隔天開盤就先開低，而且不斷跌破昨天尾盤拉抬紅K的最低價，讓多單形成虧損套牢，整整2個小時不斷跌破又站上，站上又跌破，讓大家一直看衰，還能有充裕的時間不斷放空累積空單；如果大家都這麼看衰它，股價卻硬挺挺，那就要小心了，因為這種盤至少會做一次軋空才甘願，至於會不會直接上去，就得看主力的企圖心跟實力。

當股價突然拉抬出現軋空去測試平盤後，到了尾盤竟然又回到當日低點，這時再去放空已經軋空甩轎後又轉弱回到低點的股票，相對起來會更安全跟確定！也免於怨嘆一早就看對卻被軋停損的操作！

對於高周轉率或市場熱門的焦點股來說，不要一早就急著想進場跟他賭方向，因為這時候有很多人在裡面大混戰，也比較不容易判斷出當天實際的趨勢方向，除非你是具有極短線反應的高手，或是有其他的理由執行的交易策略，否則建議還是看久一點，看久了方向會比較清楚，勝率會比較高。

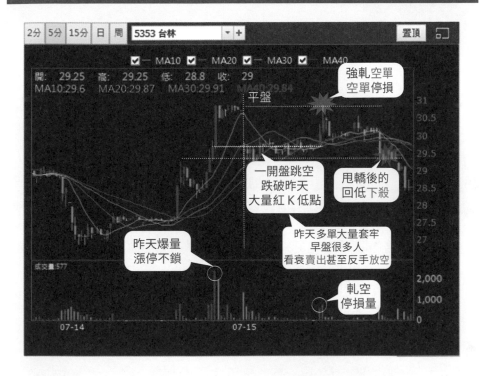

來源：獵股快手

相對強弱 比一比

▶▶ 指數間的相對強弱

指數是整體股票市場的綜合評估，小畢通常會從開盤就開始觀察，並在盤中留意指數間的相對行為，藉以解讀整體市場當下的氛圍。

通常會觀察 3 個比較重要的指數如下：

1. 櫃買指數（紅）：中小型股（活潑飆股）

中小型股的股本較小，通常是投信、內資主力介入較深的個股，因為相對於外資的龐大資金，資金較小的內資主力，用同樣的金額在股本小的中小型股可以有比較好的掌控力，所以可以透過櫃買指數來參考當天本土主力的信心度跟投資力度。

2. 加權指數（綠）：權值股

外資的資金龐大，買賣金額動輒幾十億甚至百億，如果要買賣100 億以上金額的股票，只能從股本大的權值股下手才能有效率地快速買足部位，否則在行情發動前要是還沒買夠部位，就容易錯失上漲

行情。

3. 台指期貨（藍）：加權指數的領先指標

期貨是現貨（加權指數）的領先指標，期貨也是現貨的套利、避險工具，當外資準備在股市有所動作時，通常會在期貨市場先布局或避險，避免現貨還沒買賣完成，價格就已經跟原先天差地遠而蒙受損失；盤中透過觀察台指期貨跟加權指數的強弱關係，可作為窺視外資意圖的參考。

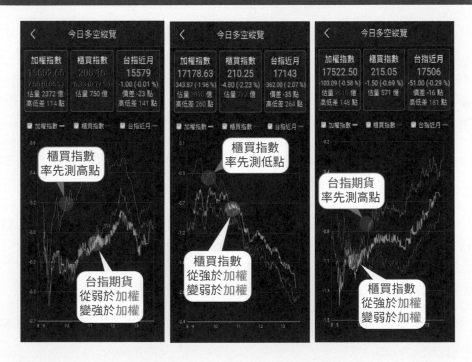

來源：《獵股快手 App》今日多空縱覽

以當沖交易來說，小畢多會先觀察「櫃買指數」的相對強弱為當天氣氛的參考依據，原因是內資主力通常訊息靈通、操作靈活，當整體呈現強勢，代表也能帶動整體市場跟風者的信心，很多中小型股開始活蹦亂跳；反之要是很弱勢，代表可能也有什麼風吹草動造成內資主力持股信心不足想盡早出脫，直接間接影響市場的持股信心。

對於外資主導的權值股來說，也是有作為主導市場的時機，像是因為國際資金板塊移動所產生的行情，會因外資資金的大量流入（出）造成股市的強弱勢，而這強弱勢通常會在「台指期貨」與「加權指數」間顯現出來，外資的資金流入想大量買股時，通常「期貨」會強於「加權」，反之外資想大量賣股、資金大量匯出時，經常可以看到「期貨」弱於「加權」的狀況。

▶▶ 類股間的相對強弱（買強空弱）

很多人都聽過一句話「買強空弱」，做多要去買強勢股，放空要去空弱勢股。相對強弱在交易上很重要，也能運用在很多地方的觀察。

所謂的強、弱是「比較」出來的，例如一個人考試考了 95 分，看似離滿分 100 分只差 5 分已經很好了，但如果這次出題簡單，考 95 分只是全班倒數的話，這 95 分就相對不好，所以強、弱也要以「相對性」來評估。

經常見到某些產業面的新聞出現，接著隔天引發整體相關類股大漲或大跌，無論漲跌多少，大家的漲跌都是因為同樣的原因所引發，

所以對於同樣訊息的反應狀況，是可以細微觀察。

範例：＃中砂（1560）、＃辛耘（3583）、＃昇陽半導體（8028）

2022 年 8 月 19 日，再生晶圓廠財報佳績，＃中砂（1560）開盤不到 9：30 立刻衝上漲停鎖死，帶動同族群＃辛耘（3583）及＃昇陽半導體（8028）同步急拉也企圖強攻漲停！

接下來半小時，＃辛耘（3583）及＃昇陽半導體（8028）不但沒有繼續上攻，反而轉弱向下，從早盤三雄拉抬的最高漲幅可看出，＃昇陽半導體（8028）最為弱勢只有上漲 7.44%，＃辛耘（3583）當日最高點上漲 8.54%。

接近 10 點時最弱的＃昇陽半導體（8028）率先跌破「三線（大量 1K －高、大量 1K －低、均價線）」，＃辛耘（3583）同時間也跌破「大量 1K －高低點」，形成高檔大量追多買進的人被套牢。

有時這種利多消息帶動的族群上攻，法人搶買的股票往往拉抬得又快又猛，在沒有拉回的狀況下，散戶要進場追買也會有所顧忌害怕追高，反而會想找「還沒漲那麼多」或「還沒漲」的相關個股買進，期待也能像強勢股一樣鎖上漲停。

這時反而提供有經驗的交易者一個機會，去確認這些跟漲的個股能否後繼有力？利多是否真的也是這些跟漲股的利多？抑或如同前述「反市場」章節的想法，這些跟漲股會上漲，只是因為大量「散戶」買進造成的股價推升？若你是主力，對這些個股的做單方向會是多還是空呢？

由強轉弱的中砂、辛耘、昇陽半導體

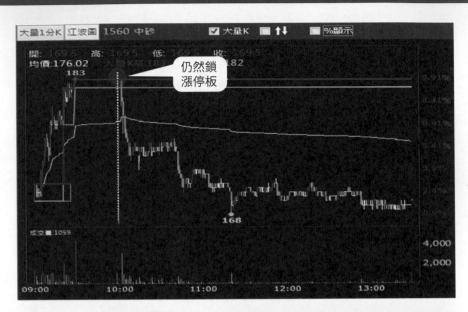

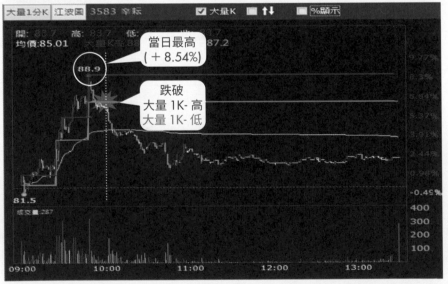

（接下頁）

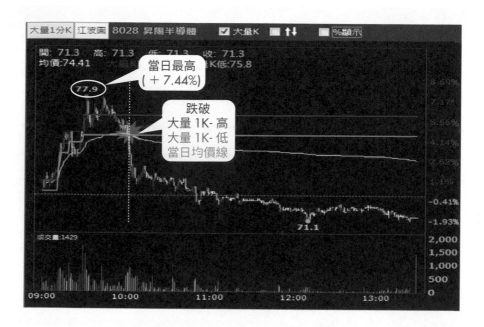

來源：獵股快手

範例：# 威盛（2388）、# 宏達電（2498）、# 建達（6118）

2023 年 2 月 2 日清晨，美國 Facebook 母公司 Meta 因公布 Q4 財報優於預期，收盤就大漲 20%！當天台股開盤，幾檔「元宇宙相關概念股」受激勵接連衝上漲停板鎖死！

隔天 2 月 3 日台股開盤，這些前 1 日漲停股也陸續高盤開出；從當天「開盤價」就可以看出 # 威盛（2388）是開「平盤」，相對其他開高的 # 宏達電（2498）跟 # 建達（6118）就呈現較弱勢的表現。

類股相對強弱

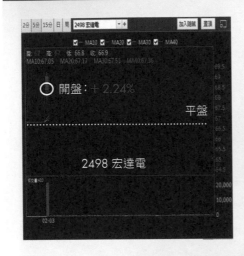

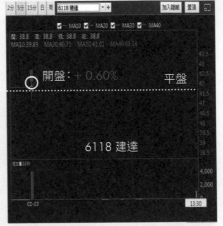

來源：獵股快手

接下來可看出強勢開高股在開盤後先向上拉抬，#威盛（2388）
卻逆勢向下殺，以至於在整體族群見高點反轉向下的同時，它依然持
續弱勢下探跌得更深。

類股高點反轉 弱股跌更深

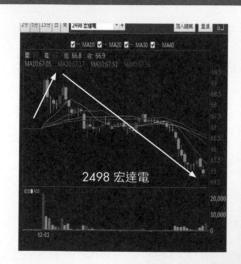

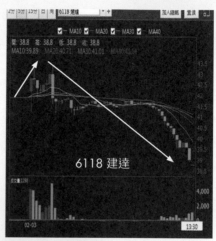

來源：獵股快手

▶▶ 個股與指數的相對強弱

觀盤不是看漲說漲、看跌說跌，交易也不是看到上漲就去追、看到跌下去就殺出股票，如果讓自己的進出更具備邏輯性，相對心情穩定的機會就能提高，更能客觀看盤等待，而不是一直躁進，想殺進殺出搶個短而已。

結合前兩小節的例子來說，如果把「大盤指數」跟「個股」搭配觀察，往往更能看出全貌、讓自己更有邏輯跟下單信心，而不是下單前擔心，下單後害怕。

以 2023 年 2 月 3 日當天開盤來說，3 大指數都呈現弱勢的同步下殺（見右上圖），此時必定也有股票在殺，如果一早去追空股票，極可能在大盤反彈時帶動個股反彈，成本不好的空單也容易因此停損，甚至隨著大盤反轉形成「假破底真穿頭」的 V 轉走勢。

除非你是紀律嚴明善於短進短出的交易者，否則早盤行情容易上下洗刷，比較好的方式是多等待一下，多觀察一會兒。

接近 09：30 左右可以觀察到（見右下圖），**櫃買指數**最強勢，因為它率先呈現 V 轉測試高點，也同步帶動**加權指數**及**台指期貨**上攻，在這樣的市場氣氛下理論上很多個股也會因此呈現 V 轉，而這時就是觀察個股真正強弱的好機會。

觀察 3 檔元宇宙個股可以發現，開高盤的強勢股（2498、6118）也分別隨大盤反彈得很高，太早進場的空單很容易被軋出場，

早盤行情局勢不明

來源：《獵股快手 PC》今日多空縱覽

行情局勢呈現 V 轉

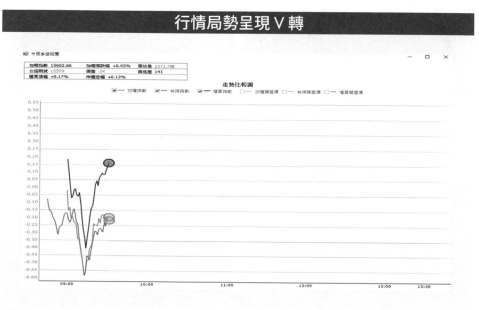

來源：《獵股快手 PC》今日多空縱覽

而開平盤的弱勢股（2388）雖也有反彈，但彈幅不像是強勢股這麼高，所以 2388 的空單要是沒有太早進場，相比之下也比較不容易觸及停損點，空單也比較抱得住。

3 檔元宇宙類股後勢觀察

（接下頁）

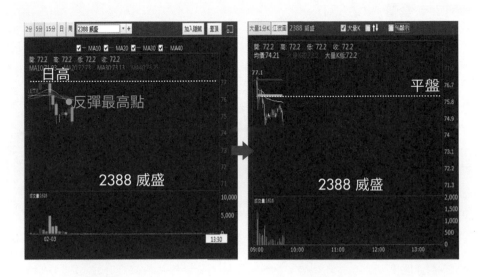

來源：《獵股快手 PC》主力定位儀

範例：# 晶豪科（3006）

2023 年 3 月 3 日，3 大指數開高拉抬後隨即 A 轉破底，至 10：00 時 3 大指數同步處於最低，但此時可發現 # 晶豪科（3006）不畏大盤走弱，逆勢撐在高檔異常強勢（見 168 頁圖）。

當 10：00 3 大指數在低檔落底後，陸續反彈向上，而 # 晶豪科（3006）更把握大盤轉強時，發動第二波走勢繼續上攻（見 169 頁上圖）。

範例：# 愛普 *（6531）

同上例 2023 年 3 月 3 日，當指數不斷向上強勢拉抬到近高點時，可發現 # 愛普 *（6531）此時正在低檔盤整測試支撐，對於大盤指數的強勢 V 轉上攻絲毫沒有太大的反應（見 169 頁下圖）。

接著大盤再次轉弱向下，# 愛普 *（6531）也同步轉弱進行破底下殺（見 170 頁上圖）。

當沖交易如果能透過一些不同格局、關鍵點位來相互確認，比較之間的強弱關係，「**做多強勢股、放空弱勢股**」確實能夠讓獲利的機會大幅增加。

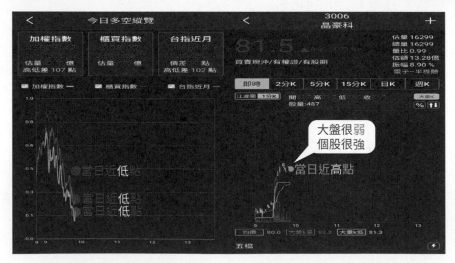

來源：《獵股快手 App》今日多空縱覽

大盤轉強 個股繼續上攻

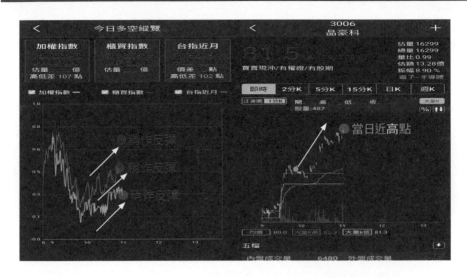

來源：《獵股快手 App》今日多空縱覽

大盤 V 轉 個股反應不大

來源：《獵股快手 App》今日多空縱覽

大盤轉弱 個股更下殺

來源：《獵股快手 App》今日多空縱覽

4-5

等待最困難
卻是最必要的技巧

相信大家都知道在金融市場中學會「**等待**」是件非常重要的事，但是即便知道了，要能確實做到也著實不簡單；當行情產生大幅波動的時候，看到有人已經進場且陸續賺到錢了，自己卻因為符合策略的操作訊號還沒出現而遲遲沒有出手，心裡會不會開始著急想要趕快找個次級或次次級訊號先進場卡位再說？

又或者好不容易等到訊號出現，也順利下單進場了，看著行情漲跌起伏，帳戶一下賺錢一下賠錢，當價格往停利點接近就在心癢要不要提早獲利了結？當價格慢慢朝停損點靠近又會焦躁想是不是該提早砍單減少損失？但價格往往只在停利點和停損點間來回擺盪。既然要照著策略執行，還是得繼續耐心等待，由「行情」驗證出最後的結果，只是這個過程常讓交易者的內心百轉千迴糾結萬分！

知名的投機大師傑西・李佛摩曾經說過：看法不會讓人賺到錢，只有「耐心」才會！

耐心等待行情出現 → 耐心等待進場訊號 → 耐心抱著獲利（或者虧損）部位 → 耐心等待出場訊號

由此可知，行情機會是等出來的、部位的大額獲利也是藉由耐心抱著等出來的。

▶▶等待行情重返

對於操作的策略來說，沒有一套方法能有 100% 的勝率，其實背後隱含的意義就是每個不同的操作方式在一段期間內或許真的能常態性賺錢，一旦等到另一個盤性相反的時期出現或許就變成會虧損了。

例如：某個「突破買進做多」的策略在多頭時期的勝率可能很高，就算追高買在最高點被套牢，但因為價格都有支撐，回落先觸及停損點的機率就比較低，只要短時間就能等著價格再次創高而獲利（畢竟多頭的慣性就是不斷創高很正常）；但是當行情轉成空頭時期就相反了，買進並持有的策略勝率一定會大幅降低，所以繼續使用這套策略進行交易的話，前期累積的獲利開始回吐是很正常的。

當交易者發現績效開始下滑，也能確認自己還是用一致的方式在操作，那麼績效下滑的原因很可能就是因行情轉變所造成的。如果交易者對策略的特性很清楚，就不會慌張地只想改變原來的策略模型，甚至焦慮地到處想學新方法，或許要做的只是「等待」行情重新返回

下一個「獲利循環」，交易的勝率跟績效就可以慢慢回升。

另外再用之前章節 2-3 中出現過的近 10 年紅黑 K 個股統計表來看（見下表），或許依照整年的統計觀察到的是紅 K、黑 K 勝出的年份幾乎各半，但如果細分成月份來統計是否會是一樣的結果呢？

近年紅、黑 K 個股統計										
年份	2014	2015	2016	2017	2018	2019	2020	2021	2022	2023
紅 K 檔數	6522	5846	4986	7703	9097	9231	13642	20142	15014	17047
紅 K 占比	48.1%	46.5%	49.4%	47.6%	46.5%	48.2%	47.1%	46.0%	46.5%	47.1%
黑 K 檔數	6308	6096	4505	7574	9477	8930	14035	22002	15900	17576
黑 K 占比	46.5%	48.5%	44.6%	46.8%	48.5%	46.6%	48.5%	50.2%	49.3%	48.6%
十字 K 檔數	724	629	603	920	973	1003	1288	1664	1361	1546
十字 K 占比	5.3%	5.0%	6.0%	5.6%	5.0%	5.2%	4.4%	3.8%	4.2%	4.3%

統計條件：當日成交量大於 3,000 張、成交額大於 3 億元、價格 15 元以上，排除處置股

把近 10 年的 2 月單獨統計可以發現（見下表），除了 1 年（2018 年）是日黑 K 總數較多外，其他 9 年都是日紅 K 總數較日黑 K 多，以

將統計標的設為「2 月獨立統計」										
歷年 2 月	2014 2月	2015 2月	2016 2月	2017 2月	2018 2月	2019 2月	2020 2月	2021 2月	2022 2月	2023 2月
紅 K 檔數	544	302	347	604	494	583	841	1107	1015	1230
紅 K 占比	53.4%	49.4%	57.1%	51.5%	44.0%	49.3%	52.4%	55.0%	49.9%	51.6%
黑 K 檔數	425	273	226	497	588	528	665	842	928	1051
黑 K 占比	41.7%	44.7%	37.2%	42.4%	52.4%	44.7%	41.4%	41.8%	45.6%	44.1%
十字 K 檔數	50	36	35	72	41	71	99	64	91	103
十字 K 占比	4.9%	5.9%	5.7%	6.1%	3.6%	6.0%	6.2%	3.2%	4.5%	4.3%

統計條件：當日成交量大於 3,000 張、成交額大於 3 億元、價格 15 元以上，排除處置股

比例來說 2 月是日紅 K 較多的年份占了 90%，這有沒有可能意味著對於某些做空策略來說，近 10 年的 2 月份本來就是比較難做的行情？如果是的話，何必想要怎麼改策略？或許減碼、停止、等待行情回歸也是個不錯的選擇。

將統計標的設為「9 月獨立統計」										
歷年 9 月	2015 9 月	2016 9 月	2017 9 月	2018 9 月	2019 9 月	2020 9 月	2021 9 月	2022 9 月	2023 9 月	2023 9 月
紅 K 檔數	371	476	370	701	615	665	1379	1407	1045	1333
紅 K 占比	39.5%	52.5%	50.6%	42.6%	42.9%	44.0%	45.9%	46.0%	39.3%	46.8%
黑 K 檔數	524	386	326	865	733	7111	359	1520	1508	1384
黑 K 占比	55.8%	43.4%	44.6%	52.6%	51.2%	49.0%	52.6%	50.6%	56.7%	48.6%
十字 K 檔數	44	37	35	80	84	89	74	106	106	133
十字 K 占比	4.7%	4.1%	4.8%	4.8%	5.9%	3.4%	5.1%	3.5%	4.0%	4.6%

統計條件：當日成交量大於 3,000 張、成交額大於 3 億元、價格 15 元以上，排除處置股

另外單獨統計 9 月份也發現（見上表），除了其中 2 年（2015 年、2016 年）是日紅 K 較多外，其他 8 年都是日黑 K 總數較日紅 K 多，在 9 月是不是可能影響某些做多策略的勝率呢？

重點在於清楚自己在市場的一舉一動所為何來，清楚自己要掌握的是什麼行情，釐清策略適用在哪種波動中，在遇到策略開始失效時找出真正的原因，看看是不是因為市場行為或週期的轉變導致。如果自己依然保持一致性，接下來的計劃是要減？要停？要轉？還是就保持著「等待」最佳時機再次出現？

　　小畢剛考上大學時有段時間加入多層次傳銷的經營，某年中秋節公司推出中秋月餅禮盒，那陣子小畢常帶著公司教育訓練的產品 DM 到處拜訪客戶。記得當時跟一位大老闆約，他說只有晚上 10 點以後有空，當到了他家坐下來後，小畢並沒有因為時間晚了就馬上掏出我帶去的資料給他看，而是先跟大老闆閒聊並關心他的生活近況，也了解看看有沒有能夠幫助他的產品。

　　時間一分一秒過了，我們相談甚歡到快要凌晨 2 點，眼看 4 個小時過了小畢也不好意思再打擾他的睡覺時間而要離開，這時候大老闆愉悅地說：「你不是有帶什麼東西給我參考嗎？」於是小畢立刻拿出 DM 攤開說：「是啊，我們公司這次中秋節有推出這幾款禮盒，但是時間晚了不耽誤您休息，DM 您先留著參考，有需要再跟我說。」

　　這時大老闆看了一眼說：「最貴的是哪個啊？我要 XX 組，可以幫我北部公司送 XX 盒、中部送 XX 盒、南部送 XX 盒嗎？」

　　小畢：「當然，沒問題！」

　　這是小畢剛上大學的一次銷售經驗，雖然我已經準備好所有的 Q & A 內容跟商品知識，但是從這個經驗讓我深刻感受到最好的機會是透過「**用心體察**」及「**耐心等待**」出現的，當做好準備，一旦時機成熟自然事半功倍！回到交易的本質，就像做生意一樣，無論做多做空要懂得進退得宜，順勢交易，剩下就只是「**堅持**」跟「**等待**」！等待行情、等待一切水到渠成！

4-6
你以為賺到了？
還是你賠更多？

延續上一節的內容，很多人知道「等待」的重要性後，都可以在進場前多些耐心，等待更好的時機出現才進場；但是當進場後，往往因為價格的上下起伏、風吹草動，就擔心**獲利回吐**或**停損**而提早出場。

對於價格會不斷影響帳戶賺賠數字這種**未知與恐懼**的心理，是多數人潛意識不想承受的，對這樣的感受若不加以覺知掌握，很容易就破壞了自己原有的交易原則或紀律！

很可能在某次獲利的當下，因為害怕獲利回吐，所以在價格稍有波瀾時就提早獲利了結、入袋為安，因為這麼做就可以解除掉抱單的煎熬跟焦慮的心情。但沒想到行情休息沒多久，就又開始重新發動，因此錯失了一次抱單大賺的機會！

也可能在一次快觸發停損點前，想多省幾個 Ticks 的虧損而提早砍單離場。結果後來價格居然沒有碰到停損點就掉頭重新走回原本的方向，導致停損點是設對了，但因為自己提早落跑的動作而做錯，讓

這次的交易不但白白停損，還錯失一次大賺的機會！這樣一來一回的賺賠差額根本就是「加倍損失」。

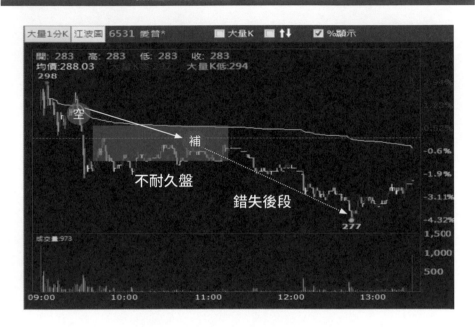

資料來源：獵股快手

　　回到之前跟大家分享的，除非你正是位難得的盤感型主觀操盤人，也都能買在最低、空在最高、賺到最飽、損在最少，否則在交易要保有策略紀律的原則下，出手前就應該要決定好如何進、如何出，不然在這麼多來來去去的買賣中，到底是錯失大賺的次數比較多？還

是省到幾次小停損的金額比較多？也就是：**這些破壞原紀律的行為到底有沒有對績效更好？**

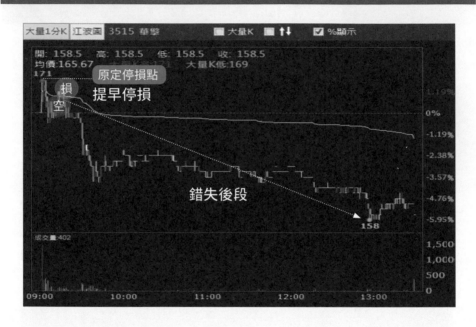

做空太快停損　錯失後段獲利

資料來源：獵股快手

　　除非可以直接用結果證明這樣是更好的，否則當交易行為中有各種情緒跟盤感的操作參雜在內，盤後檢討（重新覆盤）可能也很難還原當時的進出場原因，縱使有在做績效統計，這樣的對帳單是否還有追蹤策略成效的價值呢？

　　當一個交易者能真正接受交易的全貌、全心接受每一次在交易中會

遇到的各種結果，包括：獲利、獲利回吐、虧損，也接受自己策略的不完整缺陷（單一策略無法通吃所有行情），就會讓自己在交易的過程中心情更平靜，因而能更精準反映出策略產生的結果，當某些因子固定下來了，其他的變動因子才有更多的機會被觀察檢討並調整進步。

▶▶你所愛的 可能傷你越深

對於想要當沖的人來說，波動大絕對是一個必要條件，因為波動大比較好拉開交易成本產生獲利，所以任何時候只要有哪些個股產生大幅波動，就很容易吸引大家一起進場追逐共襄盛舉，而這些股票就是所謂的熱門族群或熱門股。

2014 年小畢剛開始進入個股期貨當沖的時候，當時有一檔熱門的焦點股很活潑，常常一下子漲停板、一下子又跌停板，所以波動跟成交量都超大，這也代表當時市場的各路高手都參與其中。小畢當然也不想錯過這麼好的標的，因為相對其他的個股來說，這檔股票要是做對方向的話，有時候一次賺到的金額會比其他多檔的獲利總和更高，看起來很事半功倍。而且這檔股票因為整天的波動都很大，就算早盤做錯虧損了，到尾盤也還有波動機會能把虧損再打回來，所以每天一開盤小畢就把它擺在螢幕中間盯著它殺進殺出。

說真的，一旦有這樣大波動的個股就會讓當沖客天天都想積極進場參與，因為價格跑很快所以經常不到 9 點半就能賺到目標獲利下

班，有時甚至會「撩落去」繼續交易，期待累積出更大的獲利。但是一陣子後小畢發現，自己雖然每天花了更多的時間跟精力，但整體績效似乎沒有明顯的提升，於是某天就把近期每檔個股的盈虧分開來各自統計，赫然發現：「什麼！單就這檔股票的總計來看，我竟然是虧錢的！」原來這陣子，我是用其他 B、C、D……股賺到的錢 Cover（補償）這檔的虧損，而我卻天真地以為它是我這陣子的金雞母，每天對它關照有加，事實上它才是我績效的大錢坑……怎麼跟我想的不一樣？

在仔細分析過後發現，這檔股票雖然波動跟成交量都很大，但每天多空主力間的對決造成價格不時有不規則的波動跟大小的 A、V 轉洗刷。雖然從它身上也有幾次大賺的交易，但同時間也產生更多次的中、小賠，在過度洗刷跟負期望值的操作下，賺賠相加後這檔總計最後就是虧錢的，而且還變成小畢當時所有交易個股中「累積虧損金額」排行榜的第一名！當下小畢認清這事實後，就毅然決然把這檔加入操作的「**黑名單**」中從此拒絕往來，而接下來幾個月，我的績效又再次重新攀高，因為少了這檔大錢坑來侵蝕我的獲利了。

人的大腦通常會記得一些好的經驗，刻意忘記一些不好的記憶，如同開始交易這檔個股一陣子後，小畢一直記得它能為我帶來比其他個股更大的單筆獲利，但在交易它的過程產生單筆較大的虧損卻讓我忽略或淡化，因為總覺得可以用它的大賺來彌平所以一直深陷其中。

如果不去做個股單獨的統計跟分析，很可能會因為這個錯誤的認知而持續被它侵蝕更多的獲利。

如果交易主要的目的是為了賺錢，當不同的標的同時能提供賺錢的機會，選擇軟柿子（好做、走勢乖的個股）來做，或許才是事半功倍的聰明之舉。如果真的沒有軟柿子能挑，至少也要認清自己是否有駕馭這些野馬妖股的能力，否則還沒能抓住韁繩就先被馬踹，可能會先讓自己受傷慘重。至於能否駕馭，就要透過對自己的交易結果做統計分析，隨時用數字跟自己想像的結果相互驗證……這些環節在交易中絕對是重要且必要的。

AI 小畢繪圖創作

三十六計，RUN 為上策！

AI 開始走入我們的生活中，行情果然都是在絕望中誕生啊！每當行情轉多頭，小飯糰又要體現「Running」的重要性，空方被無情的轟炸，要是不跑就變成炮灰了，真的不跑不行啊！

來源：小畢與 AI（Microsoft Bing Designer）共同創作

Part 5

掌握要訣 打造贏家方程式

進場操作的準備事項

5-1
制定好交易計劃
行情變動再快也不慌亂

為什麼要制定交易計劃，交易計劃的內容該有什麼呢？當沖之所以難度高，主因就是需要在極短的時間內做出「正確」的決定跟操作，無論你的方向做對做錯皆然。既然當沖屬於高周轉率的交易頻率，只要每次的進出有猶豫或誤差，1 次賠 0.1%，10 次就等於累積賠 1% 了，長此以往會很難讓自己的賺賠結果貼近原來策略的模擬或回測結果；如果交易中又參雜很多感覺跟隨機進場，而這些交易的進出紀錄又難以被統計歸納，接下來自己能不能持續賺錢也就更難評估了，好比每下一次單，就像是再一次的賭博，經驗也難持續累積。

無論決定用什麼方法交易，目標盡可能要讓自己的交易行為保持「一致性」。就像一間公司，如果能制定出工作的標準流程（Standard Operation Procedure）來執行任務，整個運作過程一定能讓錯誤更少、生產力及效率大幅增加。

小畢對待交易就像是在經營一個事業，所以多年來持續想辦法把

一些操作細節跟流程盡可能地固定或量化。好處是除了在操作上能更精準，在盤中操作時也可以大大降低精力與思考的耗能，讓交易過程更輕鬆。可見在出手下單前先擬定好交易計劃跟確認執行細節是很必要的。

因為交易是屬於很個人化的生意，每個人的個性不同、資源背景不同、對於損益浮動的忍受程度不同，心裡所看重的要點也不可能一模一樣，所以交易前釐清「自己」的想法，也就是「**認識自己**」的需求是最重要的事情！之後也才能依照自己的能力跟資源訂定出適合自己交易的流程細節。

除此之外既然是生意，交易的範疇就不僅只在每天盤中怎麼買、怎麼賣這麼單純，因為按下滑鼠買進賣出是最簡單的動作，但在開盤前做的策略計劃，跟收盤後對於當天盈虧所做的紀錄分析及檢討……等等，這些才是小畢認為想要長期穩定獲利的交易人更該重視跟用心的環節。

以下章節，小畢針對交易過程該有的計劃或要點列出如下：

● 交易前：以下會在章節 5-2、章節 5-3 詳述

  ◦ 訂定：交易週期、交易風格、策略邏輯

  ◦ 期望值（勝率與盈虧比）

  ◦ 下單金額

  ◦ 模擬回測

●交易中：以下會在章節 5-4、章節 5-5、章節 5-6、章節 5-7 詳述。

　▫ 選股模式、交易時區

　▫ 進場前確認事項

　▫ 進場原則（條件、時間）

　▫ 出場原則（條件、時間）

　▫ 出場後確認事項

●交易後：以下會在章節 5-8、章節 5-9 詳述

　▫ 交易檢討、分析評估、調整方向

　▫ 績效部位調控

　　當所有的交易流程跟要點都確定後，初期可以準備一張檢核表（Check List），裡面包含所有的事項或細節讓自己在下單前確認，這樣不但可以養成自己一致的交易流程，同時也能大幅減低隨機起意的交易行為。

　　最後再次建議：盡可能地擬定交易計劃，把交易流程化，這樣收盤檢討更容易逐一檢視，也才好做為日後調整改進的依據。

5-2 交易前要點❶

一致性交易

朋友：「畢哥畢哥，我覺得要一致性好難啊！」小畢：「我也覺得不容易，可是怎麼辦呢？還是得一致性啊！」上面提到的交易「一致性」相信大家都經常聽到，但是，是什麼該保持一致？又要如何保持一致呢？

▶▶交易週期與交易風格

對於想做到一致來說，首先要把自己當下能做的「模式」跟要做的「週期」訂定出來，盤中只要專注在自己週期產生的訊號就好，其他週期的雜訊就練習不去理會，以減低各種訊息產生的干擾。所以交易的過程中，個人的「定力」跟「專注力」也是決定能否持續維持一致性的重要因素。

交易週期跟操作風格與交易者的個性跟執行能力息息相關，如前章節 2-1（當沖交易類型）所述，當沖所採用的 Tick Trade（短）、

一波流（中）、日內波（長）等操作週期各自不同，越短的週期需要越快速的反應力跟精準的執行力，所以盤中的操作強度最強；而越長的週期在較低勝率跟較大的浮動損益上，相對就需要更大的心理耐震度。長短週期各有其優缺點，所以在天秤的兩端，交易者需要找出一個自己心理較能承受也實際能駕馭的操作方式，當然最後能獲利的真正關鍵還是在於：能不能維持在「**正期望值**」的買賣策略跟計劃，並且徹底執行。

小畢的交易風格多年來經歷不同階段的改變，從 2014 年開始到 2018年約 4 年半的時間，小畢是透過 Tick Trade 的方式交易個股期貨，所以一筆買賣操作經常在 10 秒內就完成，以當時來說一筆單要是抱到 30 秒就是我的「長線」，此時的我盤中必須緊盯螢幕的任何小跳動尋找交易機會。

到了 2018 年開始試著將 Tick 的獲利延長到一波約 3% 左右的獲利範圍；直到 2019 年開始決定把戰場轉到池子更大的現股當沖，因為現股的交易成本相較個股期貨來得高很多，並不適合短進短出，所以交易的目標就以一波為主了，同時也練習把獲利盡量延伸到 5% 以上的半日內波，這時候需要更慎選個股，否則在勝率大幅下降又無法拉高盈虧比的狀況下，期望值很容易由正轉負。

2021 年至今，小畢交易的方式加入了全日內波，也就是下單後直接抱單至尾盤，單一個股的獲利經常可達 5% ～ 10%，但盤中損益波

動的幅度相對以前大很多，偶有由賺變賠的狀況收場，但好處是盤中不再需要像驚弓之鳥一樣、費盡眼力去觀察 5 檔或成交明細等小週期的訊號，甚至下完單後就直接設好停損去做其他的事情，時間上變得彈性許多。

交易中有很多需要考量的面向，但無論用什麼角度來思考，在交易策略跟風格的選擇上，最重要的還是要兼顧自己的「**身心靈平衡**」！畢竟交易的最終目的，是希望讓自己跟家庭過得更好，而不是為了交易而把生活搞得一團亂。當認清自己的期望及需求、也評估過每個選項的優劣並決定好方向後，持之以恆、保持「**一致性**」的交易，並不斷追蹤調整、讓績效持續成長，絕對是每個交易者最終的目標。

▶▶只專注在自己的生意上

「某人打算開始做生意時走在路上，看到夜市裡很多人賣吃的很好賺、就馬上租個攤位來賺小吃財。」

「接著看到旁邊的服飾店生意也很好，於是又租了一間店面打算賣成衣試試看。」

「回到家聽到電視報導『台積電是護國神山』，覺得晶圓代工很不錯，難不成也心想來蓋間晶圓廠？」

生意有大有小，市場的波動一樣有大有小，不同交易週期的操作細節也有所不同。有些人操作的方式是極短線（Tick Trade），操作過程

就是緊盯 5 檔跳動跟成交明細來做反覆進出的下單動作，進場後無論賺賠都是幾 Ticks 就得離場，目的是像小鳥啄米一樣透過高周轉快速往返來積少成多，盤中需要很高的專注力。

但是當某天出現一個大行情，看到當天日內波操作者竟然只要一路把單子抱到底，不用辛苦的進出就能一次賺到大額獲利時心生羨慕……一旦想要模仿，就很容易在原本下單賺錢該出場的時候，心裡有個聲音出現：「學學日內波抱單賺大一點吧！」當內心有了猶豫、獲利開始回吐、甚至演變成虧損才慌張砍單出場，接下來會很容易因為操作行為的紊亂而陷入自我否定跟懊悔：「早知道在原本那裏出場就不會從賺到賠！早知道……」

反觀做日內波的人，當碰到一段時間的盤整行情，就要承受獲利抱上又抱下、抱下又抱上的每日常態，甚至要面臨整個時期都在虧損的結果。這時不免羨慕 Tick 或是一波流的交易者可以短打就跑，甚至嚮往可以像他們一樣每天早早獲利下班……如果這樣的想法一出來，很可能一看到「力竭」就定不住想先短打出場，免得看到獲利回吐又心裡折騰。但這樣很容易導致原來日內抱單的優勢被短進短出的成本消耗掉，甚至錯過突然又出現趨勢的大補丸行情！

如果不能定下心專注在自己選擇的策略上，這種朝三暮四的心態往往會讓交易者偷雞不著蝕把米。

▶▷多空方向

有些人喜歡做多，有些人擅長放空，對於當沖交易來說因為價格波動很快速，所以忽多忽空其實不是個好的選擇，而且只要稍一衝動做了追價，長期下來的追價成本會很可觀，容易讓原本可以賺錢的交易變成賠錢。所以如果把做多或做空的方向確定了，至少可以專注在單一方向的「觀察」跟「等待」上，讓自己在一致的方向中，尋找出發動特徵一致的個股來操作。

當然如果你發現自己是可以同時兼顧多、空策略的多空雙刀流，或是能運用 Tick、一波、日內波混合並行的紀律執行者，只要每個當下你都能釐清自己各個步驟、決策、行為是為了什麼目標而做，且不會造成各種交易間的干擾與障礙，盤後也能照各種模式或手法進行一致的「分類檢討」並追蹤統計，在這種對績效有「正向加成」的前提下，選擇多空一起做才會比較好。

▶▷進出邏輯與交易策略

現在是資訊爆棚的時代，大家能學習的管道很多，也有很多贏家願意無私分享自己的獲利方法：有人著重價量、有人喜歡指標、有人專注籌碼、有人重視事件消息……任何方式、任何訊息都有獲利的契機，都能設計成各種交易策略，但也因有這麼多方式、資訊，而每個人的時間、精力卻很有限，所以小畢建議最好先從幾個自己有把握並

且熟悉的方式開始操作,並慢慢從中檢討調整、進而優化築底。

例如小畢在前幾章節分享到,自己的操作大多是透過價、量、趨勢、型態、市場情緒及極少數的事件來操作,而在每個條件中會有各種的排列組合,就能依此發展出不同的進出邏輯,像是:下殺取量後 V 轉吞噬、急拉爆量 A 轉出貨、量縮上攻 M 頭不過高、誘空後緩軋過高……搭配合理的「**風險報酬比**」及「**下單金額**」等,即組合成一個進出有據的買賣策略。

綜觀以上,無論用什麼方式,當操作的手法缺乏一致性的時候,會讓自己的交易難度提高、績效穩定度降低。解決之道依然是:在自己能夠駕馭的範圍內,先用一致的方式來減低操作複雜度,也盡量不要看過多的資訊,否則容易模糊了觀察重點而錯失交易良機。

▶▶每筆(次)的下單額度

關於資金分配的部分通常是很多人容易忽略的,導致原本可能是賺錢的策略,最後卻變成虧錢收場,不可不慎!

例如:看過有些人的進出模式都很固定有紀律,卻是這麼下單:

● 20 元的股票:下單 5 張

● 100 元的股票:也下單 5 張

● 300 元的股票:依然下單 5 張

這樣其實會衍生一個問題,雖然有控制下單張數,但因為股票價

格不一樣，「下單價金」就會差異很大，導致每次進出都是不等金額的大小單夾雜。

假設執行的策略停利、停損固定在（＋4%、−2%），策略勝率高達65%，那麼3次出手很有可能出現以下的狀況：

股價	下單張數	下單金額	交易盈虧
28 元	5 張 ＝	14 萬元	→（獲利＋4%：＋5,600）
74 元	5 張 ＝	37 萬元	→（獲利＋4%：＋14,800）
232 元	5 張 ＝	116 萬元	→（虧損−2%：−23,200）
合計盈虧			−2,800

這個策略以「勝率」來說似乎還不錯，但最後依然是虧錢的結果：賠 2,800 元（5,600 ＋ 14,800 − 23,200），這樣會讓人很氣餒，早知道 28 元跟 74 元這兩檔多下幾張！或許你也會覺得，這只是運氣不好，要是下次在 232 元這檔是賺錢的，績效不就賺了？但在下單前，我們怎麼能這麼肯定：哪筆一定會賺？哪筆會賠？真能知道的話，就不會有賠錢單了不是嗎？

以上控制下單張數的方式雖然看似很有「紀律」，卻可能還是造成虧損的結果。更不用講每次賺一點就跑、賠很多還凹單攤平這種「大賠小賺」的「畢業」模式了！

針對這個問題的調整方式就是：相同的策略盡量都把每次的「下

「單金額」控制在差不多的範圍，這樣才不會讓每次賺賠的結果有過大差異，在策略執行時也更貼近預期的結果。以每次下單固定 30 萬元來說，計算如下表：

股價	下單張數	下單金額	交易盈虧
28 元	10 張 =	28.0 萬元	→ （獲利 ＋ 4%：＋ 11,200）
74 元	4 張 =	29.6 萬元	→ （獲利 ＋ 4%：＋ 11,840）
232 元	1 張 =	23.2 萬元	→ （虧損 － 2%：－ 4,640）
合計盈虧			＋ 18,400

同樣出手 3 次，控制下單價金就會變成賺錢的結果：賺 18,400 元（11,200 ＋ 11,840 – 4,640）。

影響績效賺賠的因子除了「勝率」、「盈虧比」外，單筆的下單金額「定額」也很重要！除非你確定每次都能夠「精準感覺」行情的大小，還能敏銳地把下對的單量放大，下錯的交易迅速減碼，但相信長期能做到這樣的人並不多，所以建議還是在開始下單前，就先決定好每次的下單金額，這樣下單過程會比較簡單，不至於手忙腳亂。

雖然盤中是可以用計算機或心算快速算出定量該下幾張，但盤中為了減少思考雜訊及爭取下單時間，小畢建議還是可以用 EXCEL 計算，並用「無條件捨去」取整數張數，列印一張「下單張數對照表」

放在電腦旁對照。

　　例如：下單金額 20 萬元，當股價 26 元，計算結果：200,000 ÷
（26 × 1,000）＝ 7.69（取 7 張）。

下單金額 20 萬元	
股票價區（元）	張數
20.05 ～ 22.20	9 張
22.25 ～ 25.00	8 張
25.05 ～ 28.55	7 張
28.60 ～ 33.30	6 張
33.35 ～	（依此類推）

5-3 交易前要點❷

選擇與決定

人生是一連串的選擇跟決定,交易過程也不例外!從想透過交易賺錢的那刻起,就是個重大的選擇;而任何要下單的剎那,也都是個重要的決定!

交易並不如很多人想像的:「只要隨便按幾下滑鼠就等著收錢」這麼輕鬆容易,其中有許多環節非常重要,是必須經過深思熟慮和確實掌握的。

▶▶策略的靈魂:期望值

以執行的策略來說,包含的考量因子有很多,而且都環環相扣。

在前面章節 1-5 有提到,交易的結果是透過**期望值**來決定的,而期望值 2 個重要的因子就是「**勝率**」跟「**盈虧比**」。而這 2 個因子多數時候像個蹺蹺板一樣會此消彼長。

當一個策略想朝更高的「勝率」發展時,有可能是從縮短抱單的

時間來著手，目的是縮短單子在場內繼續承受風險造成浮盈回吐，所以一旦有了獲利，盡快落袋為安的確能夠有效提高勝率；但就在快速停利的同時，卻也阻斷了獲利可能繼續擴大的機會。因此這個「提高勝率」的選擇往往會讓「盈虧比」降低，如果停損再稍有小閃失或遲疑，在整體的交易結構上就形同一次「大賠」。

當然或許透過把選股條件設得更多更嚴謹，也可能提高勝率，但因為條件更嚴謹了，伴隨而來的結果可能會損失較多「交易機會」。如果只有少少的出手次數似乎也很難累積獲利，在這樣的狀況下，莫非每次出手都要選擇「重倉」嗎？這值得交易者好好思考。

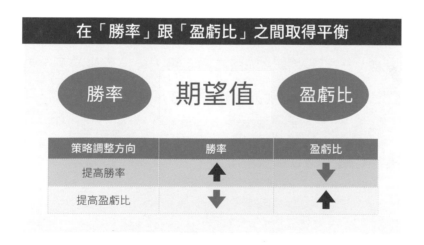

當我們把自己的策略進行回測統計後，虧損的策略（負期望值）就先不論了，而賺錢的策略（正期望值）可能會有不同的勝率和盈虧

比組合，該如何選擇採用，這也攸關交易者的個性跟操作風格。

1. 策略 A 跟策略 B 你會選哪個？

- 策略 A：勝率：65%、盈虧比：0.9、交易次數：1,000 次
- 策略 B：勝率：35%、盈虧比：2.9、交易次數：1,000 次

策略 A：期望值：0.235（65% × 0.9 − 35% × 1）
策略 B：期望值：0.365（35% × 2.9 − 65% × 1）

如果你想要有常常賺錢的感覺，也接受很少能大賺的機會，那可以考慮採取勝率比較高的策略（如上述策略 A）。

抑或是你能接受長期都是虧損的，但是當行情一來就像抓到大魚般大賺一波、一次彌平掉之前所有的小損失外還倒賺有剩，就可以考慮採取盈虧比較高的策略（如上述策略 B）。

2. 策略 C 跟策略 D 你會選哪個？

- 策略 C：期望值：1.6、交易次數：1,500 次
- 策略 D：期望值：0.9、交易次數：3,500 次

策略 C：總獲利：2,400（1.6 × 1,500）
策略 D：總獲利：3,150（0.9 × 3,500）

3. 策略 E 跟策略 F 你會選哪個？

- 策略 E：獲利金額：250 萬元、績效最大回吐幅度（MDD）：−12%
- 策略 F：獲利金額：430 萬元、績效最大回吐幅度（MDD）：−26%

策略 E：最大回吐金額：−30 萬元（250 萬 x −12%）
策略 F：最大回吐金額：−111.8 萬元（430 萬 x −26%）

對於策略或方法的選擇，並不是績效回測結果賺越多的就直接拿進市場來執行，因為最後的數字只是結果，交易要考慮的是在「過程」中能否承受各種「風險衝擊」！

當績效連續虧損的回檔就是一個會嚴重影響交易信心跟執行紀律的因素，所以在策略的選擇上一定要想清楚並做好準備。關於績效最大回吐的部分我們接著詳述。

▶▷績效最大回吐（MDD）幅度

每個策略一定有所謂的順風跟逆風期，交易期間績效從最高點回落的最大幅度稱為「績效最大回吐幅度」，一般常簡稱 MDD（Max Draw Down）。

任何策略或方法在市場上操作都會有賺賠的時候，一個能長期操作的策略勢必會經歷各種大小的低潮期。既然策略能在市場上長期運作「生存」，在績效回檔的時候自然不能失去信心而中斷執行，否則

當市場某一天又突然回到策略能獲利的行情，只要一個遲疑錯失良機，總體的績效一來一回就會有很大的落差。

小畢通常在執行一個策略前，會先從「覆盤」或「回測紀錄」中觀察這個策略過去的績效回檔幅度（MDD）有多少。如果我能接受這樣的回檔幅度，通常會再考量是否增加 1～2 倍以上的寬容範圍作為遇到逆風期的「觀察緩衝」；當然也要做最壞的打算，如果開始執行策略後績效結構一直破底和預期的差異很大，也要訂定出「停單模擬」跟「重新啟用」等機制。這些事先的規劃也都視為「交易策略」的一部分，並不是隨意或隨興改變的。

舉例：當執行某個經過回測且過去長期績效是「正期望值」的「策略 ABC」時，在開始切入市場運作後，我們無法預知接下來盈虧出現的順序為何？或許當下就是最佳的時機（賺錢循環），也有可能運氣極差，是從最不適合策略運作的時機（賠錢循環）開始：

1. 策略 ABC（時機 1）：一執行就是策略的順風期，所以前期能快速累積獲利，雖然後半年開始遇到逆風，但因為有前面累積的盈餘跟信心，足以支撐策略繼續執行、並等待行情重回到能獲利的週期。

2. 策略 ABC（時機 2）：一執行就遇到策略的逆風期，因為沒有做好初期就要承受 MDD 的準備（包括：資金、心理），很容易就會因為先看到「已實現」的「連續虧損」而失去交易信心，

並停止執行策略。當停止後反而錯失了策略開始自谷底翻身的賺錢循環，導致賠錢都有份，賺錢都沒份的窘境。

3. 策略 ABC（時機 3）：一開始一樣連續虧損，但因為事前有做好接受 MDD 的準備，當遇到逆風期也維持紀律執行，讓績效有機會度過低潮，在後半年行情返回賺錢週期時開始連續獲利，最終整年度的績效貼近過往統計長期正期望值的結果。

月份	第1月	第2月	第3月	第4月	第5月	第6月	第7月	第8月	第9月	第10月	第11月	第12月
策略 ABC（時機1）	+5	-5	+10	+5	+20	+5	-5	-5	-5	-5	+5	-5
策略 ABC（時機2）	-5	-5	-5	-5	+5	-5	+5	-5	（停單）+10	（停單）+10	（停單）+20	（停單）+5
策略 ABC（時機3）	-5	-5	-5	-5	+5	-5	+5	-5	+10	+5	+20	+5

單位：千元

如上所述，當策略決定要開始執行後，小畢會準備比過往 MDD 更大的緩衝範圍來觀察策略曲線的表現。如遇到連續虧損時的確很難熬，但至少小畢會讓策略有經過市場考驗的機會，而不是在還沒經過市場驗證前就因人為的因素而被迫中止。

沒有人知道未來會是如何，所謂長期「正期望值」的策略，通常都是針對過去的統計或回測紀錄而來；而策略的可信度及穩定度，也會因為所統計過往的「時間長度」及「樣本總數」而有所不同。

或許你會說過去績效又不代表未來績效，對未來哪有什麼幫助？還不是一樣在賭？話是沒錯，市場隨時在「質變」，策略都有從正期望值變成負期望值的可能……只是如果連過去已知的某段時間都沒辦法驗證可行了，難道要先期待未來的某天突然就變得可以賺錢？既然都是在賭，也要有個理據來賭，而不是無憑無據賭得不明不白，讓每次的下單都心驚膽戰的。

▶▶ 主觀手動下單與程式自動交易

除了諸如以上各種考量，另外還有像是：要選擇「主觀交易」的手動下單，還是透過「程式」的半自動、甚至全自動下單？

自從台股現貨逐筆撮合的制度開啟後，程式交易如雨後春筍般湧入；各券商的下單軟體也紛紛加入跟上腳步，提供客戶各種全自動或半自動的下單功能……這些都讓行情變動得更為快速。因為整體環境的變化，也讓完全靠主觀及手動下單的人面臨下單（停損）效率上的威脅，所以在工具的選擇上要用什麼、以及如何用……也是交易人要去思考跟學習的。

任何事物都有它的優缺兩面，主觀下單跟程式交易也不例外。

透過主觀判斷進行下單時，優點是有經驗的交易人可以透過細膩的觀察來判讀當下的盤勢，做出靈活彈性的因應；但缺點是人會有情緒、也有體力跟精神力的極限，所以不可能像電腦一樣長時間都做到

沒有誤差。

既然這樣的話，難道程式交易就一定比主觀交易還要好嗎？

以「紀律執行」跟「執行速度」來說確實是的。然而程式只要上線就是寫死的，任何的買賣動作都是按照原本撰寫好的程式碼來執行，一旦寫錯程式、碰到市場轉變、或出現當初撰寫時沒料想到的市場風險⋯⋯程式還是會傻傻下單，這時交易者就必須要及時危機處理了。因此長期追蹤程式的績效，並設定程式的安全運作原則就變得極為重要。

5-4 交易中要點❶

2種模式
挑出當沖好股票

無論做當沖或波段,「選股」都是一個最大的課題,如果直接知道哪檔股票即將有大行情,直接做它就好!但……這怎麼可能?

除非你是有實力的主力,準備好大把鈔票或滿手股票準備在某檔個股大進大出,否則大多數的交易者都只能「追蹤波動」、「跟隨趨勢」,也就是在發現這些行情前,我們都無法去「預知」哪些股票即將有大行情。

以當沖選股來說,可以分成「自選股」跟「臨選股」兩種方式。

自選股是大家最熟悉的選股方式,也就是開盤前先做功課選好幾檔個股,無論是用新聞、周轉率、籌碼、線型、技術面……等等,並在開盤後盯著這些個股,看看是否能如預期發動產生波動,並即時從中介入。

1. 優點:

● 已事先做過功課會較熟悉,盤中也能比較專注盯著,當行情發

動時可在第一時間介入，取得時間跟價格優勢。

2. 缺點：

●盤前要花時間做功課。

●選出的個股要是整天不動，沒選到的卻活蹦亂跳，反而錯失當天的機會。

以自選股方式，通常小畢習慣區分「多方（強勢）」跟「空方（弱勢）」的股池，這樣當行情發動時才不會多空混淆。

在自選股區分「多、空」選股池

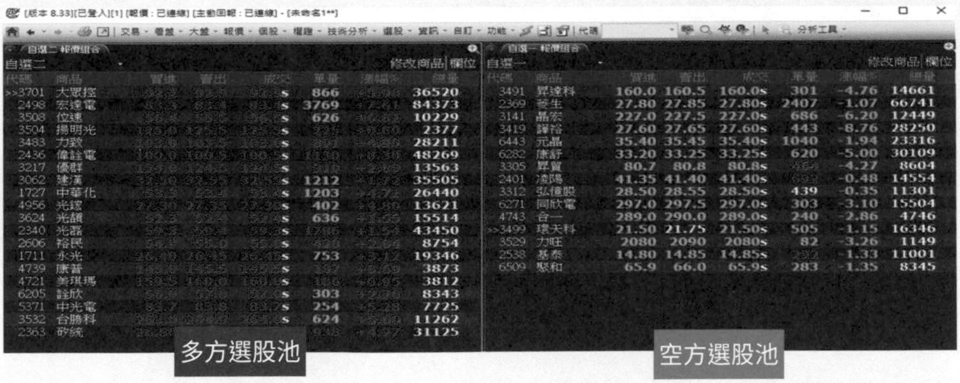

資料來源：凱基全球理財王

臨選股是小畢目前最常的使用方式。臨時選股的理論類似在賽馬場，當比賽開始前，並不知道哪匹馬兒會跑最快，但當鳴槍開柵，馬匹同時向前跑了一陣子，一定會有些突出的馬匹在領先群，代表這些

馬兒今天狀態較好，奪冠的機率就相對較高。

當沖交易需要的是「盤中振幅」跟「動能」，振幅大通常當天的動能也相對較大，當動能越大，多空之間的輸贏就會大，後續就更有機會產生多空交戰後的價格偏移走勢，而這些能量產生出的走勢有可能造成行情「延續」，也有可能變成「轉折」行情！無論是哪種行情，相對原本就悶著不動的個股來說，至少相對有較大波幅的機會。

1. 優點：

●不花太大量時間做選股功課。

●當天只找有動能且確定有動的股票。

2. 缺點：

●要對自己想找的「型態」很熟悉。

●專注力要夠，否則容易抓龜走鱉。

●臨時找股，有時看到時已經錯過第一發動點，無法立即看到就切入。

臨時選股並不是在盤中隨便亂看亂選，通常都是依照某些條件、某些型態為出發，去找出當下符合這些條件的個股來進行觀察，並在合適的時機下單，所以對於自己「要什麼」需要更精準清楚，否則很容易在盤中看來看去、顧此失彼，這樣也是徒浪費時間跟精神。

以當沖的盤型來說，幾種預期要掌握的基本型態有下面幾種：

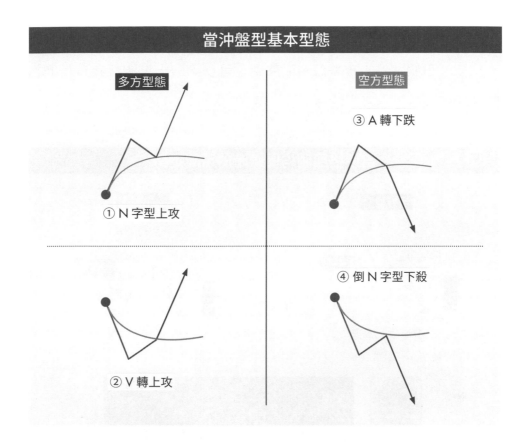

當沖盤型基本型態

多方型態

① N 字型上攻

② V 轉上攻

空方型態

③ A 轉下跌

④ 倒 N 字型下殺

　　由上圖 4 個型態可以看出，很多時候多方、空方在前半段的選股型態是類似甚至相同的，差別只在於「**關鍵價位**」上的多空交戰後，哪一方可以用壓倒對方的力道跟氣勢勝出，否則在此之前通常都會在交戰區來回攻防互相測試。而以臨時選股的方向來說，可以透過一些免費或付費的工具軟體，提早搜尋出這些特定的型態，鎖定觀察多空互相兵戎時雙方的攻守狀態，搭配第 3 章、第 4 章的內容，在某方勝

出或即將勝出前適時介入下單，獲取利潤。

　　以「日線」的「攻擊紅K」來說，可以篩選出來觀察看看當價格回測均價線時是持續「站穩」或「跌破」。

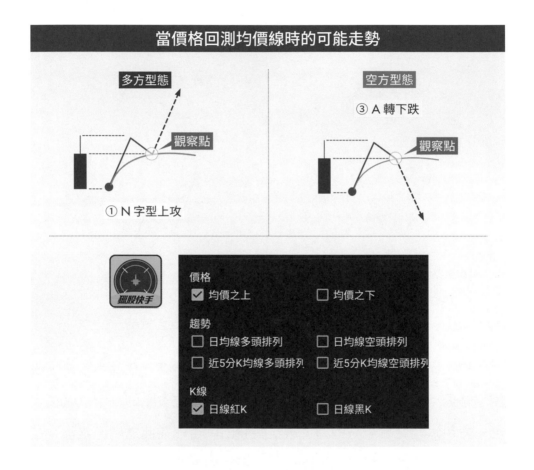

　　以「日線」的「攻擊黑K」來說，可以篩選出來觀察看看當價格回測均價線時是持續「受壓」或「突破」。

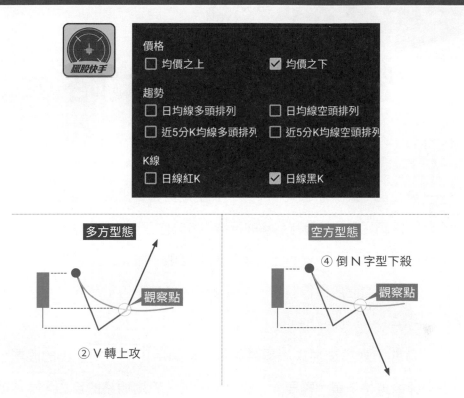

多與空所想要選出「觀察」的「型態」條件都相同
關鍵在於你準備做哪邊？

小畢建議初學者先鎖定單邊（多方或空方）操作即可，如前所述可以讓自己更集中細膩觀察單一方向，也避免因為在價位爭奪起伏的過程中，讓自己心態忽多忽空，導致多空雙巴，虧損加倍！

無論是**自選股**還是**臨選股**，盤中都要學習耐得住自己的性子，確實等到自己的機會出現時再出手下單，會是比較明智的選擇。

5-5 交易中要點❷

盤中即時選股策略

每天在盤中的波動都大小不一，多空走勢也鮮少是一路上漲或一路下跌到尾盤，就算有這樣的行情，除非你已在開盤前就做好準備，或是看的時候決斷力十足馬上下單跟進，否則一般來說交易者還是得先找到自己熟悉的個股進行觀察，看看後續的走勢是否有可能符合自己的預期再出手。

「型態」對於交易來說極為重要，無論用什麼方式選出的股票，都不要莽撞直接下單，需要多「**觀察**」一下，而這觀察的目的，往往就是要從走勢中看出某些多空交戰後的蛛絲馬跡，在下單後更有信心抱得住單子。小畢在盤中選股盡量簡單，也喜歡從最原始本質的「價、量」資訊出發。

▶▷策略 1：出量攻擊股

行情多數時間是處於盤整醞釀的狀態，以發動攻擊來說，「量增」

經常是伴隨的訊號之一，小畢常以「預估量」、「預估量比」……等跟量有關的條件做為搜尋依據。

以更大的角度來看，如果多方發動攻擊要展現誠意，通常在日線上要形成「紅K」才會讓人有追價信心；反之若空方突襲成功，收盤時日線上看到的就是「黑K」，因此「開盤價」就是一天當中多空爭奪表態的重要關鍵價之一。

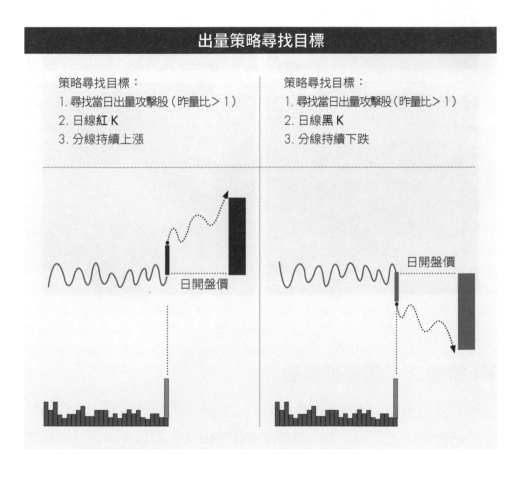

出量策略尋找目標

策略尋找目標：
1. 尋找當日出量攻擊股（昨量比＞1）
2. 日線紅K
3. 分線持續上漲

日開盤價

策略尋找目標：
1. 尋找當日出量攻擊股（昨量比＞1）
2. 日線黑K
3. 分線持續下跌

日開盤價

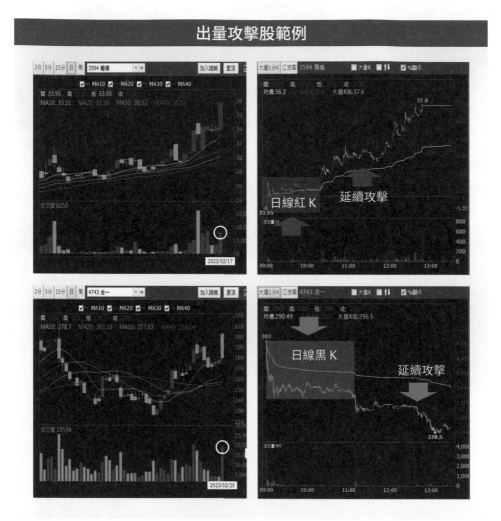

出量攻擊股範例

來源：獵股快手

▶▶策略 2：趨勢延續股

行情通常分「延續」跟「轉折」，以延續的行情來說，代表的是之前已經走出方向，之後就繼續照著趨勢做慣性的延伸，而追蹤趨勢

最好的工具之一就是「**移動平均線**」，如果走勢持續延伸，2條以上的移動平均線就會持續規律發散，一直到趨勢改變均線被扭轉為止，當價格在行進過程中的反向穿越，也可以作為趨勢可能被扭轉的警訊之一。

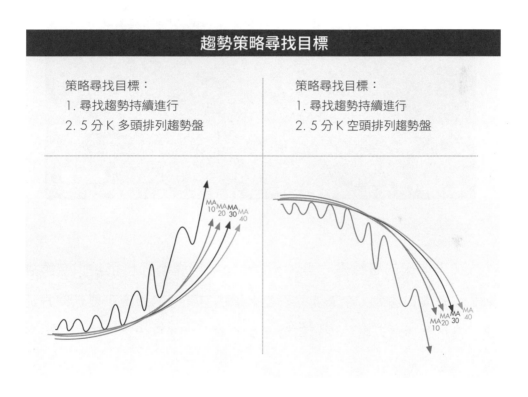

趨勢策略尋找目標

策略尋找目標：
1. 尋找趨勢持續進行
2. 5分K多頭排列趨勢盤

策略尋找目標：
1. 尋找趨勢持續進行
2. 5分K空頭排列趨勢盤

如果昨天的日線是收紅K，而5分K均線剛好也呈現「多頭排列」沒有開口過大，今天開盤不要大幅跳空開高的狀況下要走多方延續，價格就應該沿著均線趨勢繼續向上走，也代表今天的日線要收「紅K」。

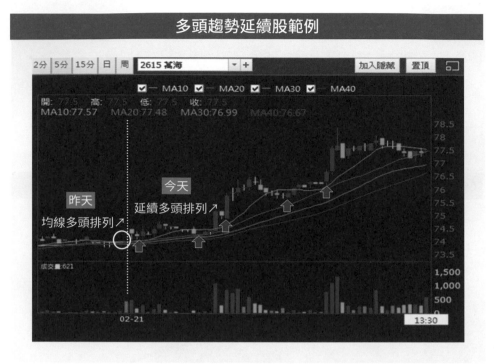

多頭趨勢延續股範例

來源：獵股快手

　　如果昨天的日線是收黑 K，而 5 分 K 均線剛好也呈現「空頭排列」沒有開口過大，今天開盤不要大幅跳空開低的狀況下要走空方延續，價格就應該沿著均線趨勢繼續向下走，也就是代表今天的日線要收「黑 K」。

空頭趨勢延續股範例

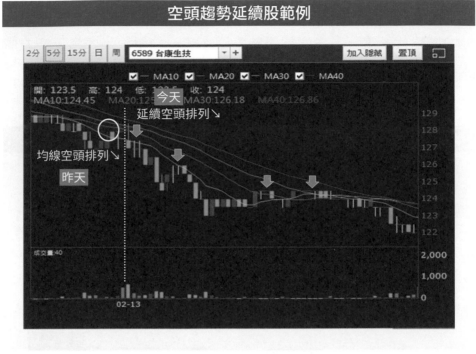

來源：獵股快手

▶▶策略 3：多空套牢股

在前面章節分享過，量是中性的，而爆出大量通常不太可能是散戶所為，較多狀況是大戶因為某些目的所做出來讓大家看到的。

當短線的 1 分 K 出現當天的最大量時，多空雙方在價格區間內密集成交，如果短時間內又出現價格站上或跌破「爆量區間」的行為，代表一方被瞬間套牢（如前章節 4-1），弱方會因為無力抵抗而被迫停損。

　　而「均價線」也是一個評估整天多空平均成本的重要依據，站上均價線代表當天多方處於優勢，反之跌破均價線代表當天空方處於優勢。

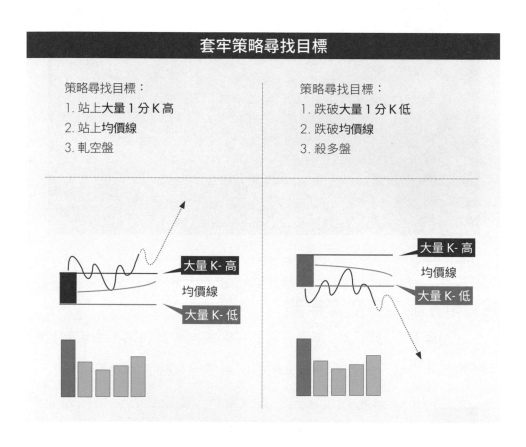

套牢策略尋找目標

策略尋找目標：
1. 站上**大量1分K高**
2. 站上**均價線**
3. **軋空盤**

策略尋找目標：
1. 跌破**大量1分K低**
2. 跌破**均價線**
3. **殺多盤**

大量K-高
均價線
大量K-低

大量K-高
均價線
大量K-低

空方套牢軋空範例 1

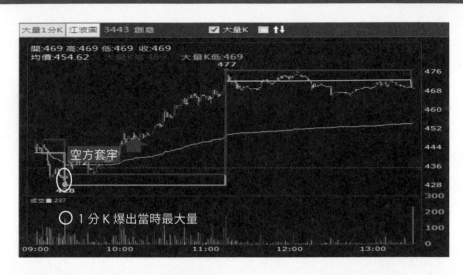

來源：獵股快手

空方套牢軋空範例 2

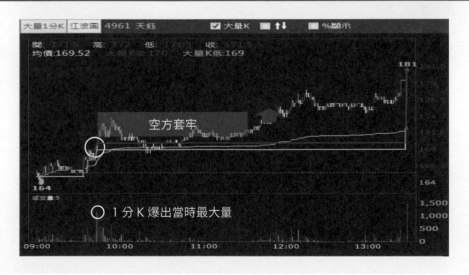

來源：獵股快手

多方套牢殺多範例 1

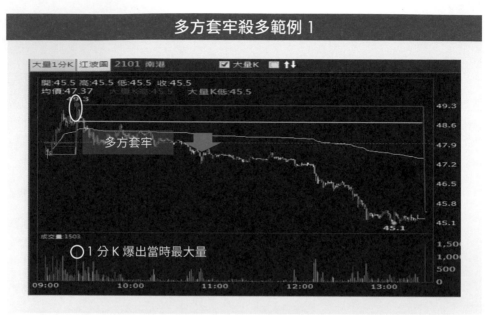

來源：獵股快手

多方套牢殺多範例 2

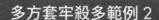
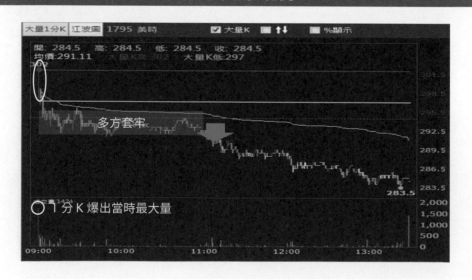

來源：獵股快手

5-6 交易中要點❸
早盤、中盤、尾盤
操作策略各不同

台股每天 9：00 整點開盤，到 13：30 現貨收盤長達 4.5 小時，每個時段的風險和獲利機會都會因為波動的大小而各不相同。對於交易者來說，要先決定自己想做什麼樣的行情或型態是很重要的，否則隨時看到波動都覺得有機會就盲目進場，這樣的下場往往都是不好的結果。

通常**開盤**和**尾盤**的波動都是相對比較大的，而開盤會有較大波動的主因是：從昨天收盤後，經過一晚歐美股市的表現，容易讓台股隔天一早開盤就先用跳空方式來做反應消化，而昨天進場的短線買賣盤在隔一晚輸贏立見，做對的人隔天一開盤就能獲利，有紀律做錯的人隔天一開盤就要開始進行停損。

很多人集中在這時段進行買進賣出而產生大幅洗刷的波動，這種大幅洗刷的行情很適合「Tick」跟「**一波流**」的人進場衝殺，但反應一定得迅速果決，否則大幅震盪的行情能讓人快速獲利下班，也

同樣能讓人快速的大虧畢業,不可不慎!

　　個股的高、低點,經常會出現在 10 點以前,所以通常「**日內波**」的交易者也會在早盤時刻盡可能透過各種訊息來解讀當日個股的高、低點是否已經出現,並判斷當天可能的多空方向並設法建倉,持有到目標獲利出場。

　　相對一些國際主要市場來說,台股的散戶比例是比較多的,倘若一些熱門個股在經過一整天的多空激戰,接近尾盤依然沒有勝負,可能就意味著戰線需要延長到隔天或數日,通常當沖客都是不想(或無法)進行交割來參加這種延長賽留倉,因此臨收盤前的時間壓力下只能被迫急著出場,而主力通常在整天的買賣力道中可以測試出當天多數散戶的偏向,尾盤就可以進行反向狙擊,這也就是尾盤容易產生比較大波動的原因。

	早盤	中盤	尾盤
時間	09:00～10:30	10:30～12:30	12:30～13:30
動能	動能強	盤整(醞釀當天能量)	動能可能轉強
解讀	開盤修理 昨晚留倉 做錯方向的人	開始降溫 重新養兵 累積**當日**新的多空能量	修理當天做錯方向的人 (當沖客)
情勢	快速洗刷	緩慢洗盤	出場的時間壓力造成 價格偏離

註:時間範圍僅約略區分,並非絕對。

▶▷早盤觀察案例 1

　　以早盤來說，除非是自選的重點觀察股，而且走勢也符合預先規劃好的劇本，否則一早臨時選看的個股通常較難在短時間內快速判斷，參考資訊也較少，大致只能以當時振幅、開盤量、預估量、量比、動能延續……等方向來解讀，而多空快速上下洗刷過程中，通常可以觀察爆量的高低點是否有一方出現「**大量套牢**」的現象，適合快進快出。

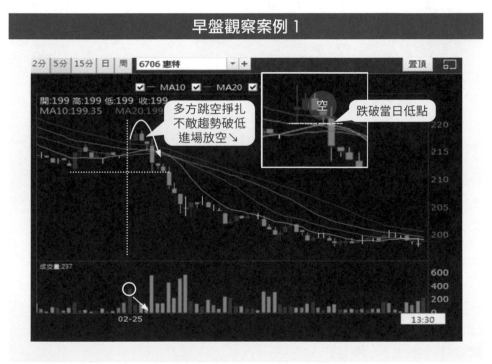

來源：獵股快手

▶▶早盤觀察案例 2

　　左側的價區有密集重疊或關鍵價位，很多人會作為「**支撐或壓力**」的參考，就會變成要觀察價格行為的「**關鍵價**」。

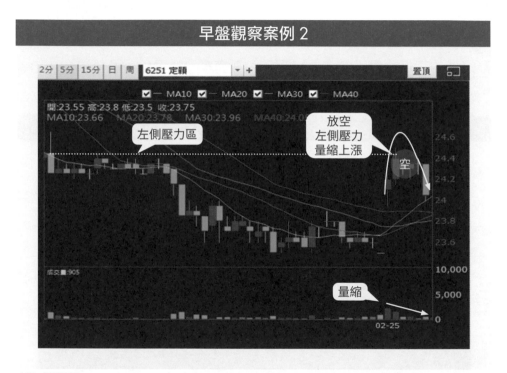

早盤觀察案例 2

來源：獵股快手

▶▶早盤觀察案例 3

　　如上述，早盤多空交戰激烈，行情快速洗刷，出現騙線的機率也較高，如果觀察久一點，可以發現價格在回測低點過程中逐漸量

縮也不破低,待重新上攻放量後,就直接一次過高回到多方趨勢展開攻擊。

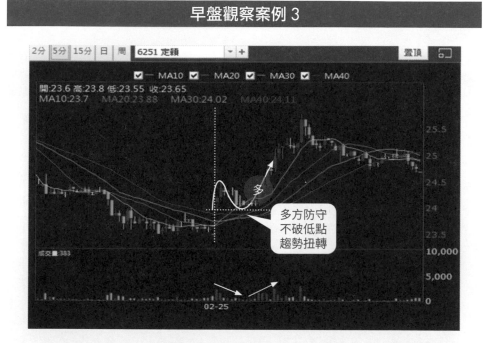

早盤觀察案例3

來源:獵股快手

▶▶中盤與尾盤觀察案例

一開盤的快速破底示弱會讓空方積極進場放空,當價格做了連續 2 次的「誘空→軋空→過高」讓空單停損後,會讓早盤看空的人不敢再積極放空只想觀察或收手,這時候早盤的能量也就釋放完畢,而

價格這時候經常就會進入休息整理，重新累積新的多空能量；在中盤的醞釀期可以搭配價格的「盤整區」及「相對強弱」行為（如前章節4-4）來觀察，而一個盤整區形成的時間不應太短，通常小畢最少要觀察 20～60 分鐘以上，甚至要更長，這樣累積的量能才會足夠。

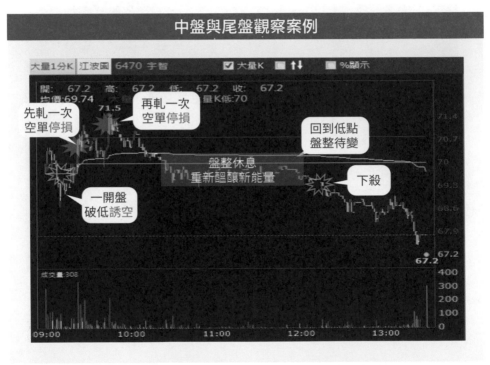

來源：獵股快手

▶▷尾盤觀察案例 1

對於走出一整天的型態來說，多空雙方的交戰過程會在價、量結

構上顯現，在收盤前尋找出弱勢方抵抗不成功的棄守行情也是很好的
尾盤交易機會。

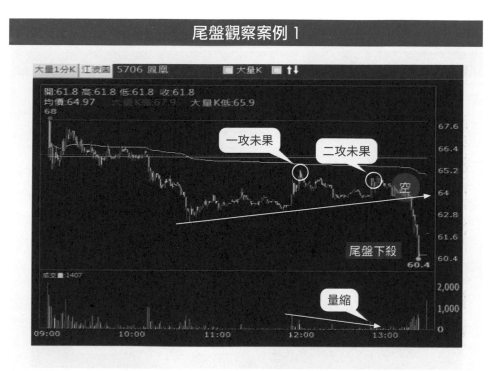

尾盤觀察案例 1

來源：獵股快手

▶▷尾盤觀察案例 2

　　早盤曾經下殺破低後引誘空單，並且快速拉抬到高點撐盤 2 次跌
不破，尾盤讓當天的空單不耐整天的虧損而出現放棄回補的軋空上漲
行情。

　　每天的各時段經常有大小不一的機會，關鍵在於我們能否細心的解讀多空的攻防行為，看出多空間的角力狀況，從中掌握到「**力道失衡**」而產生的行情波動機會。

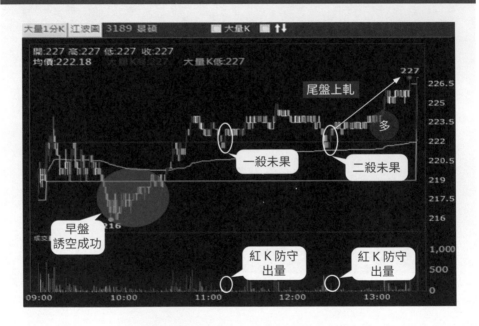

來源：獵股快手

5-7 交易中要點❹

實戰案例分享

▶▶實戰案例 1

2022 年 12 月 22 日，前一晚美股的 4 大指數上漲約 1.49%～ 2.36%，台股夜盤也上漲百點以上，通常這樣的狀況除非白天美股電子盤有下跌異狀，否則台股隔天必然先開高盤來反映前一晚美股的大漲。

很多人習慣開盤就賭多空，如果你把自己定位成厲害的 Tick Trader 或是只做一波流，可以早早進去下賭注，賺到就出、停損更要快出！但如果想要看清更大的日內局勢才出手，除非有其他特別的策略想法作為下單依據，否則讓行情先洗刷消化一下早盤的買賣能量後，趨勢的樣貌才會慢慢顯現出來讓人看得更清晰。

參照下頁圖，櫃買指數很弱，但影響櫃買指數頗深的生技類股中的 ＃ 大江（8436），這時卻呈現強勢在當日高點附近。再觀察它的 5 分 K 可發現（見 229 頁圖），＃ 大江（8436）開盤有先爆出大量，

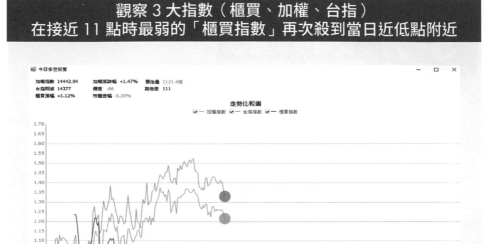

觀察 3 大指數（櫃買、加權、台指）
在接近 11 點時最弱的「櫃買指數」再次殺到當日近低點附近

圖：《獵股快手 PC》今日多空縱覽

也曾隨著大盤及多數生技股同步下殺後，價格卻又積極地反彈到當日高點進行盤整。觀察 4 條「移動平均線」呈現漂亮的「多頭排列」，均線開口也不會太大，如果價格能持穩保持「扣抵低值」，「移動平均線」接下來會呈現穩定向上的「發散」樣貌。

以**大量 1 分 K** 來觀察可以發現（見 230 頁圖），＃大江（8436）力圖讓價位持續站在「大量 1 分 K－低點（綠線）」及「均價線（黃線）」上，代表早盤賣掉股票跟追殺放空的人，多數處於做錯邊；

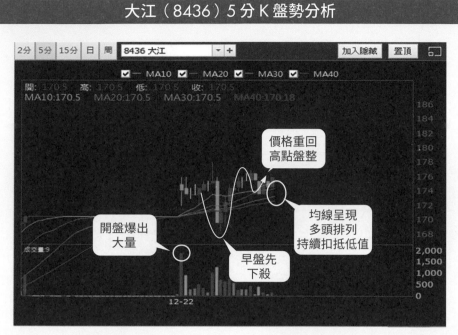

大江（8436）5分K盤勢分析

2分 | 5分 | 15分 | 日 | 周 | 8436 大江 ▼ + | 加入隱藏 | 置頂

☑ ― MA10 ☑ ― MA20 ☑ ― MA30 ☑ ― MA40

開：170.5 高：170.5 低：170.5 收：170.5
MA10:170.5 MA20:170.5 MA30:170.5 MA40:170.18

價格重回
高點盤整

開盤爆出
大量

均線呈現
多頭排列
持續扣抵低值

早盤先
下殺

12-22

而價格長時間維持在「大量1分K－高點（粉線）」附近盤整，頗有擇機待攻的軋空樣貌。

　　這樣的股票是小畢很喜歡做多的標的，因為如果價格洗過多單又騙過空單之後（如前章節4-3），理論上價格不應該再回到低點了，而當時多單進場的價位約在175.5～176元間，剩下的就是「**停損點**」要抓在哪裡了。

　　如果以下頁圖「大量1分K－低點（綠線）」173.5元為停損參考防線，甚至多幾檔緩衝到172元來算，停損價差約為賠4元（172

大江（8436）1分K盤勢分析

圖：獵股快手 PC

－176），虧損 2.27%。

依此停損價差採取「風險報酬比」1:2 來計算，停利點可以設在：176 ＋（4 x 2）＝ 184元，當計劃好後就進場執行買進，並設好「觸價停損」，接下來就等待行情驗證。

隨時間推進，價格順著趨勢向上緩緩上升，並在尾盤上攻一波順利達設定的停利點出場，幾乎是今天的近高點，順利完成今天的交易，也是一筆漂亮的交易。1 張就可獲利8元，獲利幅度 ＝〔（184－176）÷ 176）〕，獲利 4.54%。

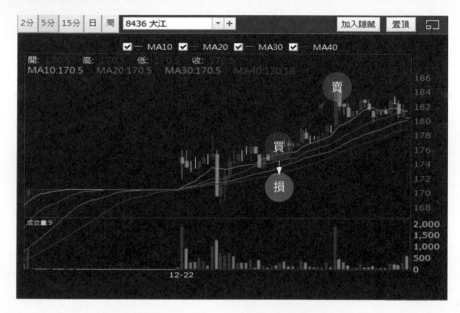

圖：《獵股快手 PC》主力定位儀

　　交易不一定每次「賺錢」才是漂亮的交易，有時就算「停損」了，只要損得「有理有據」，也可以稱作是一筆好的交易，關鍵在於我們是否能持續照著計劃買賣、照著紀律執行。

▶▶實戰案例 2

　　2022 年 12 月 26 日，每天一開盤時，小畢都會先看 3 大指數（櫃買、加權、台指）間的強弱狀況；在 09：30 以前，台指期貨的「高低差」連 40 點都不到，預估量也極度萎縮，預期今天會是沒量的行情。

當觀察到 09：30 時發現「櫃買指數（紅色線）」呈現最強勢，率先創高後小幅拉回，反觀台指期貨（藍色）跟加權指數（綠色）反而向下走，足見今天權值股跟中小型股是不太同調的。

在今天中小型股這麼強勢的盤面中，小畢發現有檔弱勢股 # 聯合（4129），同時跌破了「最大量 1 分 K －低點（綠線）」及「均價線（黃線）」。

聯合（4129）早盤雖然放量連續向上強勢拉抬，但 1 分 K 在最高檔爆出大量後，股價卻快速回落跌破 3 線（大量 1 分 K 的高點、大量 1

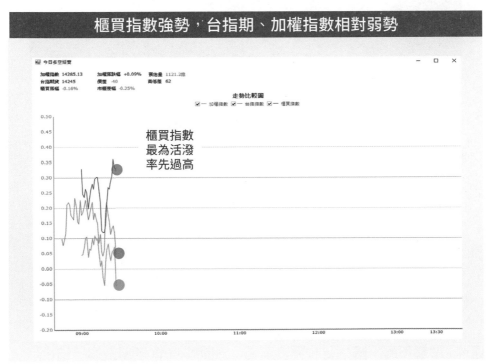

圖：《獵股快手 PC》今日多空縱覽

分 K 的低點、均價線），且正在均線附近反覆測試能否站穩（見下圖）。

09：30 ～ 10：00 間可發現價格跌落均價線，多方套牢的壓力開始會越來越大，價格也漸漸遠離 3 線，此時價位約 52.8 元左右（見234 頁圖）。

如果用日高（54.9）來停損，大約是賠 2.1 元（52.8 － 54.9），虧損 3.98%，略嫌太大。

改採用「大量 1 分 K －高點（54.4）」來停損，停損約是賠 1.6元（52.8 － 54.4），虧損 3.03%，尚可接受。

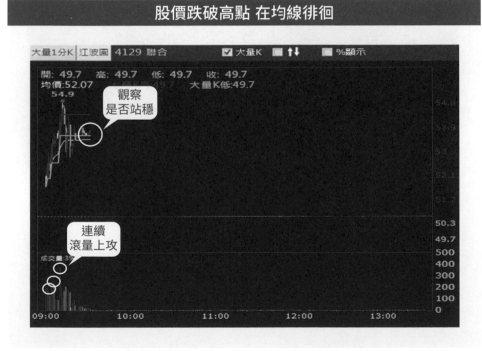

來源：獵股快手

此時用「**風險報酬比**」1：2 來計算，停利點可以設定在：52.8 －（1.6 x 2）＝ 49.6 元，只要下單前先把風險跟報酬比確認好，就勇敢下單，等待行情驗證結果（見 235 頁上圖）。

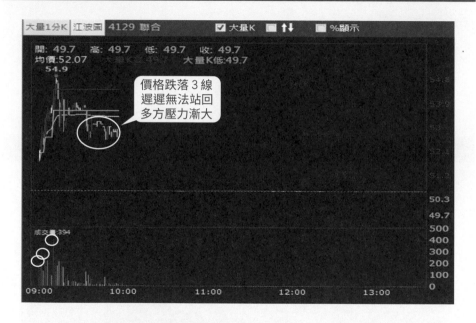

來源：獵股快手

直到收盤，最低價只來到 49.70 元，與原先停利掛價 49.60 差了 2 Ticks，而時間進入 13：00 後，就要開始把當沖的部位進行回補。

尾盤價格剛好也在 50 元的整數支撐價位附近可先獲利了結，結束今天的交易（見 235 頁下圖）。

判斷趨勢 設好停損 勇敢下單

來源：獵股快手

尾盤回補 獲利了結

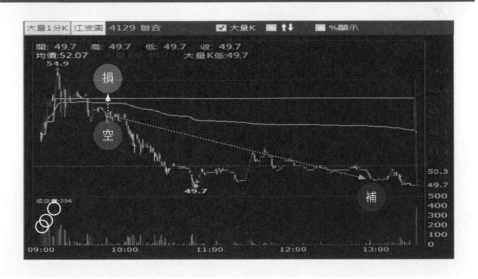

來源：獵股快手

1 張就可獲利 2.8 元〔（52.8 － 50）÷ 50〕，獲利 5.6%。

當交易模型訂出來，剩下就是「**執行力**」的問題，嚴守進出紀律，保持「**一致性**」交易，長期下來自然能持續累積獲利。

5-8　交易後要點❶

盤後檢討
讓經驗持續堆疊

交易像是個**去蕪存菁**的過程，怎麼把傷害自己的「部位」或「壞習慣」快速去除，重複執行「對」的動作、讓獲利持續成長是最重要的目標。

　　既然賠錢在過程中是無法避免的，那麼碰到時就盡量少賠一點，而賺錢的時候也不要只賺一點就跑，該賺則賺。評估每一筆進出的「**勝率**」跟「**盈虧比**」，並持續追蹤策略是否保持在「正」期望值的狀態，才能在好的基礎上從中找出還能調整進步的地方。

　　對一個交易者來說，每天進出場的交易紀錄：**對帳單**，是最具「個人風格」的「藏寶圖」！因為各人有各人的習慣跟行為，就算看似一樣的買賣方法，但不同的人執行下來都可能有大不相同的結果。一旦你願意花時間從「自己」的對帳單中尋寶，大多可以從裡面找到自己問題的解決方向，尤其是某些「反覆虧損」的交易模式。

　　如果收盤賠錢後就當作沒這回事，覺得明天只要抱著又是一條

好漢的氣魄再重新入市廝殺，那麼這些壞習慣或賠錢行為會讓自己的資產不斷耗損，很可惜、也很可怕。

小畢每天收盤後，第一件事情不是電腦關一關就出去溜達了，而是優先把當天所有交易的進出明細包含：時間、買賣點位、對應使用的策略、理由……相關訊息全都記錄下來；同時也把每天的線圖都存下來，目的是透過保留每一筆交易紀錄的細節跟賺賠結果，在日後能逐日、逐週、逐月、逐季、逐年、逐策略……交叉分析。透過這些資料，小畢也可以追蹤到自己每個策略或操作手法的賺賠效能是否產生變化，從而釐清原因，斟酌是否要針對某些缺點做出改進或調整。

除此之外，對於當天出現的特殊行情、或盤中沒有發現的大行情標的，小畢同樣也會記錄下來覆盤，回溯當下是否有什麼樣的疏失以致於錯失良機？或是下次能用什麼方式介入參與這樣的行情，如此不斷從各種檢討中獲得經驗的堆疊。

針對整理的買賣紀錄來說，小畢通常都是：

- 優先檢討虧損的紀錄。特別是對於一些「大賠」的交易紀錄、或是某些「經常虧損」的「策略」跟「標的」進行檢討！至於賺錢的交易如果都在交易的規範內，就可看可不看。

- 確認實際下單的點位是否符合原來策略的制定範圍，有沒有因為急躁或是快市（Fast Market，指交易單大量湧入造成價位

劇烈變化）而造成追價或滑價？例如現在有很多隔日沖主力會大單買進股票，將個股瞬間強鎖上漲停板，這時觸價停損有時候會產生較大的滑價跟超額損失，甚至真的被鎖上漲停板又無券時就需要高額的借券費，這些都是原來策略無法預估到的情境，損失結果也都是多出來的交易成本，那是否有辦法克服或減少虧損？

●透過分析，有可能發現某陣子的大賠總是發生在某些策略上，比方說：出量就等拉回買進的策略，某陣子經常在買進後接著就高機率被停損，這時就要追蹤策略的 MDD 離設定的「縮單」或「停單」標準還有多遠？並確認這個狀況的發生，是不是跟大盤近期的多空氛圍改變或其他消息……等因素有關？

●當發現某陣子的大賠總是出現在特定的幾檔妖股上，是否表示策略根本無法駕馭這些個股而需要排除？

當然還有更多的盤後細節值得我們去探索，大家可以依照自己所能想到的地方進行檢討，為的是更優化我們在交易上的各個流程，並強化我們的獲利績效。

台上一分鐘，台下十年功，很多盤中的輸贏結果，都是在盤後不斷地反覆練習、模擬、累積經驗來的；而「**對帳單**」就是最真實的實戰紀錄，裡面所有的買賣明細，都是自己「**花錢**」買來的，如果買了卻不善加檢討利用，不是挺浪費的嗎？

5-9 交易後要點❷

用績效
調控下單部位

資金控管、風險控管經常都是在交易投資時會聽到的重要環節，既然這麼常聽到，大家也都知道很重要，如果不要當個賭徒，在進入市場前應該都要謹守原則吧？怎麼又會因為資金控管不當而遭市場重擊淘汰呢？

經常會聽到有人賺了很多很多錢後，可能一個不小心又全都賠回去，甚至倒賠負債也都時有所聞，除了用這樣的結果推測他在交易過程「貪心」外，還有沒有其他的原因呢？

對於每位在金融市場交易的人來說，目標自然是希望績效能長期朝右上角發展，但必定也希望在策略「順風」時能擴大盈利、「逆風」時能降低虧損，以期望做到「賺大賠小」的目標，但往往就是在「擴大」的當下，「風險」也伴隨同步擴大，在這樣的矛盾下要如何擴大？何時擴大？擴大衡量的標準到底在哪兒呢？

多數人在市場中要是短期賺到大錢的話，可能會覺得好像找到

聖杯了、順了，心裡多少會開心興奮，而且賺到錢後通常「自信心」會爆棚：人是英雄錢是膽！

接下來可能會想：「好可惜，之前怎麼這麼保守沒把握機會下大？不然現在獲利就更多了！如果接下來依此放大下單量，獲利應該就可以倍數成長！」一旦這樣的想法在心中萌芽，往往就會在放大部位的同時忽略風險的反撲，殊不知現階段能夠賺錢，可能恰巧只是使用的策略、方法適用在近期的行情走勢上，但行情總會有轉變的一天……

這也像很多開店的生意一樣，當生意好的時候就開始大肆擴張版圖到處開分店，一味認為獲利可以持續倍增下去，大家應該也會發現，這種短期擴張很快的生意，多數會像煙火般絢麗出現又曇花一現，或許短時間可以賺到一筆快錢，但快速拓展的結果通常是怎麼來怎麼去；這也很像坐上了一台超跑的駕駛座上猛踩油門加速，在直線跑道能在最短時間內加速到極限，卻在突然出現的彎道上因為閃避不急而衝出賽道，除了車子嚴重撞毀外，甚至還可能讓自己陷入極大的生命危險中！足見「只放不縮」的模式以「長期營運」的角度來說通常就很危險。

小畢自己在績效管理上沒有太複雜的方式，對我來說依然是關注如何能持續營利、擴張獲利。「贏要衝」固然沒錯，但「**輸要縮**」就是績效穩定的重點了，所以在資金管理上還要有能「縮」的機制。

　　當一個「正期望值」的策略開發出來後，或許已知過去某些行情或型態是這個策略可以適用獲利的，但行情總是有週期循環會導致績效回檔，我們並不知道當實際進場後，行情是否能讓績效獲利如進場前回測的那麼好，所以小畢一定會先從「最小部位」開始執行，並開始記錄觀察實際交易後產生的績效曲線。

　　如果績效持續向上，會等到獲利金額累積到一定的目標水位，並拉開到一個安全的水位後，接著才開始考慮增加下單部位，以期能用賺到的獲利當作績效回檔的緩衝，想增加部位放大獲利前，就先準備好自己更大的風險承擔能力；如果行情慣性沒有改變，代表策略能繼續適用，獲利自然也會加速累積，讓績效曲線呈現更快速的成長。

　　相反的，小畢也會事先做最壞的考慮，就是當加大部位後，恰巧就碰上行情轉變到策略的回檔週期，這時的虧損金額會變大、績效回檔速度就會變快，而小畢「縮單」的依據，就是當累積的緩衝水位回吐到一定的幅度（依照原先設定的策略規則而定）就直接縮單，最後的底線當然是：獲利回落到當初放大部位的起漲點（也就是把放大前的緩衝準備金部回吐完）。一旦達到這個結果，代表目前的策略無法適用在當下的行情，才會導致績效回吐，這時原本放大的單量就要恢復原規模（甚至最小規模），用更慢的步調繼續在市場運作，直到績效又成長到能放大單量的目標，才重新考慮再加大單量。

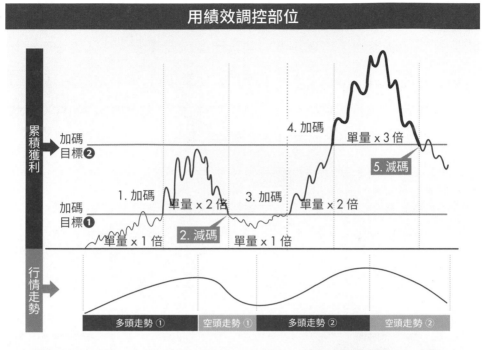

用績效調控部位

- 上圖顯示執行一個適用多頭行情的策略，開始一定先從「基本單」進場，此時恰巧在「多頭走勢①」區間，自然能開始累積獲利。
  當獲利持續累積到「加碼目標①」後，可以把這段獲利當作是加碼後獲利回吐的緩衝，並開始下「2倍基本單」，如果獲利回吐到初始值（獲利歸零），就要調回「1倍基本單」，當作重新開始一樣。

- 因為行情還在「多頭走勢①」，所以當單量加倍後，獲利速度自然加快，但還沒將獲利累積到「加碼目標②」就遇上行情轉折到「空頭走勢①」，造成績效開始快速回吐。
  當績效跌破「加碼目標①」時就是把單量恢復回「1倍基本單」的最後底線，此時「空頭走勢①」持續，但因為單量下調讓績效獲利回吐速度得以變慢。

- 等待行情重新回到「多頭走勢②」時，就能觀察績效逐漸用「1倍基本單」的速度回到獲利循環，這時也不要心急，一定得等到獲利再次累積到「加碼目標①」拉出緩衝營利後，才重新恢復下「2倍基本單」。

- 依此按部就班，讓自己透過績效表現客觀地告訴自己縮放的時機，可以確保不會因為想「快速致富」的急躁心態，最後反遭行情重擊導致績效快速崩跌而失控！

　　多數人在金融市場中不是沒有賺過錢或賺到錢，但往往都是因為「守不住」最後慘遭市場淘汰，就算知道該要守住，往往也沒有一個客觀的方法讓自己依循，常常是讓自己所知道的「風險控管與資金控管」淪為用「感覺」來控制，而心態又往往是最難控制的，在交易過程中其實就是讓自己身陷最大的「情緒」風險中。

　　當然上面的方式只是個範例，大家可以針對在績效回吐多少、達到多少、或該如何縮放部位……等細節來規劃自己的控管方式，策略中一定要把「資金控管」跟「風險控管」納入做為最重要的一環，目標當然是期望績效能夠在安全穩步中持續增長。

AI 小畢繪圖創作

種什麼種子開什麼樣的花

我們不可能期待天天都是大行情，但身為專職交易者，平常努力學習、覆盤，如同在播種，將關係到未來會開出什麼樣的花。種子成長需要時間醞釀，當還沒有開花結果時，就得繼續用心灌溉、耐心等待，遇到不適合自己策略的行情時，別急著到處亂挖，先看看哪裡還有值得播種紮根的地方囉！

來源：小畢與 AI（Microsoft Bing Designer）共同創作

Part 6
贏家心法

方法學會了
能遵守紀律才是贏家

6-1
做個紀律交易者
讓停損像呼吸一樣自然

只要在金融市場的一天，就無可避免要一直面對「停損」這件事。做當沖甚至要天天面對、一天還可能要遭遇很多次！

小畢曾經也經歷過明知道要停損，執行時卻猶豫再三，甚至最後上演砍不下手的凹單事件……當然這樣的結局都是慘痛的大賠收場。但這樣的循環卻促使了自己去思考：「到底是什麼原因阻礙自己執行這個理當遵守的原則呢？」

後來想得更深入些發現：要執行停損時，是因為有更深層的心理因素在阻礙，只要排除這些潛意識的阻礙，自然就更能遵守並確實執行了。

▶▷學會接受「被否定」

說穿了，停損的另一層意義其實就是：**否定**自己先前的判斷。正常來說，這種被否定的感覺是大多數人都不喜歡的，所以基本上「停

損」就是一個違反人性的行為。

　　生活中當遇到不喜歡或有壓力的事情時，或許會先用「暫時逃避」的方式來冷處理，而這對應到交易上的表現就是「凹單」。一廂情願地希望行情可以走回自己原本判斷的方向，這樣就可以減少一次「被否定」的感覺了，但大家也知道，這樣的結果往往都是不好的。

　　另外，既然停損是市場在打臉否定我們先前的認定，那麼回歸自己在開始做多空選擇時，就要減低認定的「執念」；**市場永遠是對的**，謙卑以對、臣服以對，當市場走勢不如己意時，抱持這樣的心態對自己會有比較好的結果，無論心理、生理、口袋……都是。

▶▷我可以賺回來……嗎？

　　小畢也發現沒有辦法紀律停損還有一個原因，就是我們不知道這次停損後，下次還能不能把這次虧的金額再賺回來，所以寧可抱著「僥倖」的心多看一下、多等一會兒。

　　反向思考，如果當我知道自己的交易模型，過往長期執行下來是個「正期望值」的結果，當勝率 60% 代表的就是常態在 100 次的交易中會出現約 40 次的虧損、60 次的賺錢機會；倘若「照著紀律」買賣 100 次，到最後結果會是賺錢的，那麼就算開始交易就一連出現 9 次虧損，當第 10 次又要停損時，你會突然在這次改成凹單不出場，就為了不想多看到「1」次停損嗎？

答案顯然是不會的，因為我們會知道這些停損，只是在 100 次當中的 40 次，最糟的排列也可能是前面連續 40 次都遇上停損，後面接著出現 60 次的賺錢機會，而這後面 60 次賺的金額會大於前面 40 次的虧損金額，所以無論如何，自己都會設法有紀律地完整執行這 100 次的買賣，這樣才有機會讓最後的整體交易貼近原先回測的賺錢結果。

▶▷賭大！博大！腳會麻！

經常也看到一種停損砍不下手的狀況，就是「**重倉**」下單。一旦做錯方向、虧損突然超出自己心理所能夠接受的底線，在潛意識的自我保護機制下，自然不願意正面接受這樣的衝擊、面對這樣的結果，因此暫時失去決斷力跟執行力，直到忍無可忍的狀況下才被迫砍單離場，但這通常都已經是最壞的狀況了，所以收盤回神後懊悔不已。

既然如此，回首當初為什麼要下這麼大？不是更應該避免嗎？答案顯然是「急」、是「貪」！這無疑是交易者的大敵，一定要戒慎。

所以交易者唯一能做的，就是進場前管好自己這筆交易準備「虧多少」，意思就是即便虧了這筆資金後，你不會吃不下飯、睡不著覺。

反之如果連一絲絲風險都無法（不願意）承受，也會很難在市場中獲利。因為風險與報酬是「對等」的，有可能隨便一個小波動，就能掃到你的損失底線而停損出場，當勝率低又只能累積很多小賠小賺時，長久下來也難有勝算！

▶▷建立起自己的交易信念

要能確實**紀律執行**（下單、抱單、停損、停利……），往往需要透過「**信念**」來支持，當一個人還沒看見結果時，信念會是一種無形的支持跟力量。

摒除那種一廂情願或盲目樂觀的「**執念**」，一般人在正常狀況下，會需要透過「**自己**」可信賴的「**依據**」才能逐漸建立起信心。從別人身上學到、聽到的或許很多，但大多數人都僅止於「知道」，並沒有經過自己實際的驗證，所以當一遇到逆風行情自然會開始產生諸多懷疑，這也正是很多人不斷努力學習各種方法，到最後卻無法貫徹執行的主因。

交易過程中只要對執行的系統不了解就會產生懷疑，最後執行的結果十之八九都會走樣，接著又繼續去找別的方法來學習試驗，期望能找到真正的聖杯……這樣的結果常常演變成無論學了多少、試了多久，都還是賺賺賠賠在原地打轉，因為永遠對自己學來的交易系統「不完全」了解，而終究無法產生信任感。

倘若先不講未來，我們是否清楚自己在做一個過去勝率大約多少、期望值是正是負、適合在哪種情境下執行的策略呢？對於自己從來沒驗證過、也不全然清楚的方法（策略），當然永遠無法建立信心，在「執行力」上鐵定會大打折扣，更不要說能「紀律執行」了。

既然這樣，在處理每筆輸贏未卜的交易前，信念要從何而來呢？

因此「**回測**」跟「**覆盤**」就是必要的。透過在觀盤的過程中發現

某些市場現象、走勢模型或訊號來進行回測統計，當統計的期間越長、筆數越多，所產出的結果自然能讓未來執行的信心越強，雖然過程所需耗費的時間心力會很大，但獲得「信心」作為回報就非常值得！

就長線的投資來說，或許可以從各種面向包含：國際政治、總體經濟、產業、公司、基本面、財務、新聞、籌碼、技術面……來著手研究分析；相較之下，越短線存在著越多隨機波動，能夠參考訊息做出判斷的時間也更壓縮。

尤其當沖更是如此，多數只是資金、籌碼、心理面匯集的角力戰，而短線交易者只能盡可能透過線型、價量、籌碼等短時間能獲取的訊息來反應，輔以事先擬定的策略來做出買賣動作，所以難度自然更高。

小畢通常會針對盤中基本的量、價資訊輔以型態，擬出一些策略進行交易，盤後透過自己的交易點位（對帳單）來回溯追蹤這些策略或方式的盈虧效能，並做出調整。因為人有固定的習慣跟行為模式，從回溯過往中，常常可以在自己「**大賠**」的一些交易中發現同質性，如果未來能優先避免這些大賠的交易，或許績效就能夠因此提升。

其實也不只小畢，在這麼多年分享的過程中，已經不知道有多少位朋友或學員跟小畢回饋：「我聽你的話分析自己的對帳單，結果光是避免大賠出現，就可以開始賺錢了！」顯見很多時候，並不是我們整個交易系統出了問題，而是因為某些情境或自身的習慣導致的特定

賠錢交易，拖累了整體的績效。或許透過**追蹤分析自己的交易紀錄**，你就可以發現這些缺失，避免掉一次大賠，就等於「大賺」一次了。

　　總結來說，一旦對自己的交易系統有信念，紀律停損就會像呼吸一樣自然，因為你不會把注意力跟時間浪費在眼前這一次或最近幾次的虧損，而是更清楚明白：**下一次的機會正等待著你，而你也不想錯失！**

　　既然是這樣，怎麼能不優先為自己建立起這樣的交易信心跟信念呢？

來源：小畢與 AI（Microsoft Bing Designer）共同創作

讓獲利奔跑

大家都知道交易除了要避免「大賠」外，接下來盡可能要做到「**大賺與小賠**」；「小賠」需要在「停損」上紀律實踐，在上一節已經講得很詳細了，而「大賺」就得透過做對方向的時候「**抱單**」來達成。

要掌握好的交易機會，除了進場前需要「等待」外，在進場後更要「**耐心**」等待，因為行情能走得夠遠，多數時候是透過「**時間**」醞釀出來的，就算是有明顯趨勢的行情，也不可能每次都一波到位，過程中經常會漲漲跌跌、走走停停、整理醞釀後再繼續走下去。所以如果想要獲得大賺的結果，卻無法忍受過程小幅度的獲利回吐，盤勢稍有停頓就覺得到手的鴨子隨時要飛掉，如坐針氈，隨時想砍單停利出場把獲利放在口袋增加安全感，這樣的心態往往就算在做對方向時，也都只能換來「小賺」的回報，自然就不可能做到「大賺小賠」的目標。

除非你的勝率夠高，每次心性也都能控制得宜：不貪、不戀、

不大賠,否則經常只處於小賺小賠的結構下,難保不會因為幾次的心態不穩或交易失誤形成的相對大賠(跟小賠比),導致績效結構被破壞,最後變成總結還是虧損的結局。

再說說既然大家都知道,為了達成大賺的目標是需要「抱單」的,為什麼多數人不敢讓行情醞釀,讓獲利奔跑呢?最大的關鍵就在於對自己「策略」以及策略長期「期望值」是否為「正」的信心,而這信心依然要回歸前幾節提到的「回測」跟「覆盤」功課中建立。

不可否認,每次小畢在調整交易策略:尤其是拉長週期(Tick → 一波 → 日內波 → 波段)的過程中,內心都要經過一陣子的調適期,因為從原本習慣的小週期來看的確是需要停利或停損了,但是現在操作的大週期卻讓部位還在場內,心理一定會有不安跟不適應。

回歸操作的目的,如果交易是為了賺錢,而賺錢的前提要先做「對」的事情,那麼先講求「做對」會更重要,只要做「對」的事情,結果自然來。

下頁圖是小畢在近期「現股當沖」對帳單的「報酬率」排序,礙於資料筆數太多,券商系統無法一次完整查詢,就以近半年來做查詢。

或許對於很多人來說 2023 年不是一個好操作的年份,但是依然存在不少能當沖獲利、甚至「大賺」的機會,而交易者就得在每天的交易中,盡力抱住這些能「賺大」的機會。

2023/4 ～ 2023/10 現股當沖對帳單

序號	交易日期	股票代號	股票名稱	交易類別	報酬率		序號	交易日期	股票代號	股票名稱	交易類別	報酬率
329	2023/09/15			現沖	11.95%		751	2023/07/26			現沖	8.73%
1,018	2023/07/06			現沖	11.58%		46	2023/10/26			現沖	8.72%
679	2023/08/01			現沖	11.54%		870	2023/07/18			現沖	8.72%
108	2023/10/18			現沖	11.49%		1,856	2023/04/20			現沖	8.71%
298	2023/09/20			現沖	11.49%		502	2023/08/24			現沖	8.67%
962	2023/07/11			現沖	11.13%		1,389	2023/06/06			現沖	8.67%
1,504	2023/05/26			現沖	11.10%		1,647	2023/05/15			現沖	8.67%
1,034	2023/07/05			現沖	11.07%		833	2023/07/20			現沖	8.65%
1,577	2023/05/19			現沖	11.03%		868	2023/07/18			現沖	8.62%
683	2023/08/11			現沖	11.02%		1,679	2023/05/11			現沖	8.60%
543	2023/08/18			現沖	10.97%		768	2023/07/26			現沖	8.59%
1,900	2023/04/18			現沖	10.89%		1,676	2023/05/11			現沖	8.57%
1,145	2023/06/27			現沖	10.82%		1,320	2023/06/27			現沖	8.42%
657	2023/08/02			現沖	10.40%		1,824	2023/04/25			現沖	8.39%
854	2023/07/19			現沖	10.26%		1,132	2023/06/27			現沖	8.37%
871	2023/07/18			現沖	10.17%		766	2023/07/26			現沖	8.33%
9	2023/10/31			現沖	9.99%		1,859	2023/04/20			現沖	8.32%
1,787	2023/05/02			現沖	9.95%		1,850	2023/04/20			現沖	8.30%
1,892	2023/04/18			現沖	9.92%		763	2023/07/26			現沖	8.28%
322	2023/09/15			現沖	9.78%		670	2023/08/01			現沖	8.10%
30	2023/10/27			現沖	9.47%		1,837	2023/04/21			現沖	8.08%
654	2023/08/02			現沖	9.15%		295	2023/09/20			現沖	8.02%
172	2023/10/11			現沖	8.97%		7	2023/10/31			現沖	7.84%
1,847	2023/04/20			現沖	8.93%		1,668	2023/05/12			現沖	7.79%
865	2023/07/18			現沖	8.84%		4	2023/10/31			現沖	7.70%
692	2023/07/31			現沖	8.80%		255	2023/09/27			現沖	7.55%
751	2023/07/26			現沖	8.73%		813	2023/07/21			現沖	7.51%
46	2023/10/26			現沖	8.72%		97	2023/10/19			現沖	7.41%

　　交易前先釐清自己的交易邏輯、擬定好進出策略跟下單前後的SOP，做好回測跟覆盤功課，了解這套操作模式過去一段時間的執行成效是很重要的。

　　當然即便在過去是「正期望值」的策略，也無法保證未來能有持續的高效表現，因為行情總是會隨時變化，但是對於接下來的未知結果來說，至少有個客觀比較的操作準則，我們也能在接下來的交易中更有系統且一致性的輕鬆執行、事後檢討並調整。

抱著獲利奔跑

小畢與 AI（Microsoft Bing Designer）共同創作

6-3

專注「對」的事情

▶▶賺錢與賠錢

進到投資市場總是為了賺錢,而多數人對於結果的認定總是用「賺錢」是對的、「賠錢」是錯的來解讀,這也是人之常情。

能看到自己的帳戶賺錢就會覺得開心,所以就想下下單賺個錢。有可能在下單當下根本沒有任何交易策略,或是縱使有交易策略,但一碰到該停損時卻心軟砍不下手,凹單就是想等到帳上賺錢才想出場,即便最後賺錢了,這樣的操作究竟是對?是錯?相信大家都明白。

這種認知就像前面章節 6-1 說的,當賠錢的時候要用「停損」來承認,會有「被否定」及「做錯事」的感覺,所以不少人會因此猶豫或持續犯錯,如果你真的想長期在市場獲利,就一定得避免這樣的錯。

其實有經驗的交易者在市場一陣子後會發現,如果把交易動作

的「對、錯」跟「賺、賠」結果連結在一起並不是一件好事，因為當兩者相連（賺 ＝ 對、賠 ＝ 錯）的話，就容易產生倒果為因的錯誤認知。

對於賺錢、賠錢來說，這只是交易者執行策略並實際下單後產生的結果，而這個結果無論是賺是賠，理應都會被含括在某個「預期期望值（勝率、盈虧比組合）」的架構內。

說白話一點就是如果策略無法保證有 100% 的勝率（應該也不會有這種策略），交易結構就會存在一定比例的「失敗並停損」次數，而這些失敗次數所發生的虧損，理應也會落在平均虧損的範圍內，所以即便在下單後的結果是「停損」，只要是依照原先的紀律做好虧損金額的控制，也是在整個交易過程中做到「對」的事情！

▶▷想要賺 先準備賠！

想要賺錢，就要先準備好籌碼，這是進行博弈的基本原則。

每次的下單中都存在風險，而這些風險會讓我們付出虧錢的代價，所以小畢在下單前通常都是先想：「**這次準備要虧多少（金額、百分比、價格、點數）？**」接著才去想：「預期能夠賺多少？」在風險跟報酬評估好的狀況下，才會進行後續的下單動作。如果在下單前根本都沒有考量虧損，或是虧損金額對於當天、當週、當月……的占比都沒有思考過（策略的一環），那麼大賠跟超額損失隨時會找上自

己，到時也只能怪自己從來沒深思過，所以下單前先計算好當筆的虧損額度會是一件重要也基本的事情。

▶▷檢討 不檢討 無從檢討

很多事物都會有個常規的依循標準，如果在交易中沒有明確的交易原則或交易策略，多數就變成純靠運氣的賭博行為，所以交易盡可能要讓每個決策環節都有理由跟原因，至少在操作失敗後能有個檢視跟檢討的依據，也才有可能從錯誤跟失敗中進行「導正」，這樣也算是一種在對的方向做對的事情；反觀要是交易後無從檢討，這樣的交易流程是對？是錯？就可見一斑。

其實很多操作過程細節的對錯大家心裡很清楚，只是在交易中能否讓自己完全遵循這些原則不背離，往往就是勝負輸贏的關鍵。

找到正期望值的策略固然重要，但是即便擁有了這樣的策略，只要交易過程參雜各種錯誤的操作行為依然難以賺錢，持續讓自己的操作精準地在每個環節完成，在對的方向上紀律執行，才可能有穩定輸出的績效。

很多時候在行情的判別上，贏家跟輸家的勝率比起來也差不多，但往往成就最後輸贏的關鍵就是：贏家多做了些檢討，多落實導正了一些操作缺失，在每次的交易比輸家少虧 0.1%，做 1,000 次的交易就相差了 100%！

▶▷ 千金難買早知道

經常聽到一些朋友在部位出場後會說這樣的話：

1. 早知道就**不要**出場，抱到現在就**賺翻**了！

2. 早知道就**提早**出場，也不用白白**停損**了！

說真的，在交易的過程中，怎麼會有人早知道呢？

關於「早知道」在前面都有說明過，所有的早知道都是因為收盤後的上帝視角所下出的結論，正因當下我們都沒有上帝視角，所以一定不知道結果為何，而交易者真正該在意的，是在「行情當下」該做些什麼動作才比較實際。

以下頁圖的範例來說，當我們判斷行情將上漲，也實際進場買進了，卻碰到行情急殺而停損，看著繼續下跌心情一定會很好，因為覺得停損正確也少賠了；一旦行情又回升，甚至創高，很多人開始會不舒服，心理也會想：早知道不要停損，否則這筆就可以賺了！

成功的交易者在當下，會把焦點放在自己是否有執行「對的動作」上，在這個案例中就是多單在下殺碰到停損點時**確實執行停損**。至於行情又重新 V 轉創新高，積極面要考量的就只是：行情是否在自己的策略中，有符合重新進場的機會，而不是將情緒放在「早知道」的感受上。

以小畢來說，要在同一檔標的重新進場，都會把它當作「**獨立事件**」來看，也就是要有符合自己原定策略的訊號才進場，而不是因為

看到價格再次上漲，感覺前面白停損了心有不甘才重新追單進去，否則盤勢如果又不如預期反覆震盪，甚至再次回跌，收盤後又會是另一個「早知道」……早知道不要被這檔激怒，早知道不要反覆進出被多空雙巴，早知道不要看它，早知道電腦關掉……可是實際上帳戶已經大賠！

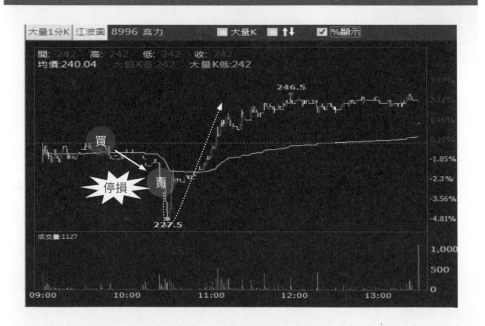

確實執行策略 不要停留在「早知道」的心態

來源：獵股快手

6-4

積極、不心急

交易絕對要一步一腳印，非一蹴可及的。沒有人天生下來就會交易，大多數的贏家也是在不斷犯錯中持續學習、調整改進、逐步修正。

對於獲利也是這樣，當心「急」，想要「趕快」賺到錢，通常會事與願違，想快，是真的快？還是慢一點反而比較「快」呢？

以尚未建立「正期望值」系統的人來說，就是處在燒錢繳學費的研發階段，這很像準備開店前的準備，任何人在這個階段的目標應該都是透過「**最小成本**」，盡快找到自己的市場定位，還有能夠改善調整的方向，而不是放在因為想快點開始賺錢，所以就莽撞地大肆展店擴張，如果生意本質的問題就出在「市場不買單」，這樣直接大張旗鼓的結果只會讓自己提早陣亡。

當能逐漸累積獲利，也持續一段時間的穩定成長，才開始考慮展店擴編（放大部位），績效自然會呈現同步放大，而經營者也在自己的這個營業曲線中，練習拿捏分寸，調整經營方向。

市場天天都在，機會天天都有，關鍵在於當下我們能把握多少，而不是我們失去多少「不能掌握」或參與會導致「過度曝險」的大行情。交易中讓自己保持「積極」卻「不心急」是要訣！

▶▶避免掉入追漲、殺跌的陷阱

小畢覺得當沖交易中只要能做到：「**不追價**」，就先贏一半！

並不是說永遠不做突破追價的策略，倘若交易手法就屬於追逐動能的方式（Tick Trade、一波流），一有波動出現順勢追逐也是方式之一，只是在多數狀況下，行情可能反覆震盪，縱使看起來像是真的要（或已經）突破了，常常又返回在一個區間來回測試，所以只要一

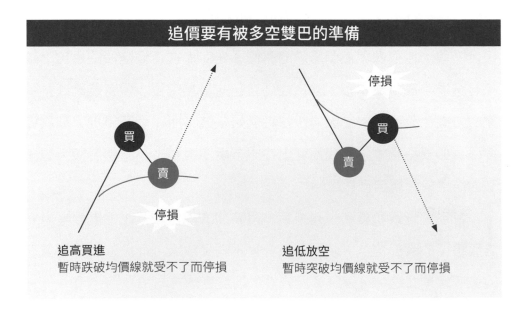

追價要有被多空雙巴的準備

追高買進
暫時跌破均價線就受不了而停損

追低放空
暫時突破均價線就受不了而停損

追高殺低,成本就會不好,一旦波動放大耐不住震,很容易在價格掃蕩的過程部位就會被掃出場,可能行情還沒走出個 2%,隨便多、空雙巴一次,來回就超過 4% ~ 5% 以上的虧損了。

用另外角度來想,通常一個追價,就得先讓 1 ~ 3 Ticks 的價格成交,光買賣來回一差就 0.5% 甚至更多,看起來似乎很正常,但如果回頭檢視一下自己長期的「平均」獲利率,只要精算過你一定會很訝異,相信不少人長期累計下來的整體淨獲利,都未必有這 0.5% 呢,意味著每次只要省下這些追價的損失,績效就能增加不少。

只要想明白了,自然每次在追價前,就會多想想:**這次的交易,值得我進場「追」嗎?**

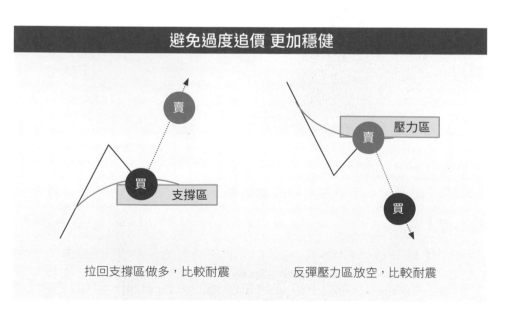

避免過度追價 更加穩健

拉回支撐區做多,比較耐震　　　　反彈壓力區放空,比較耐震

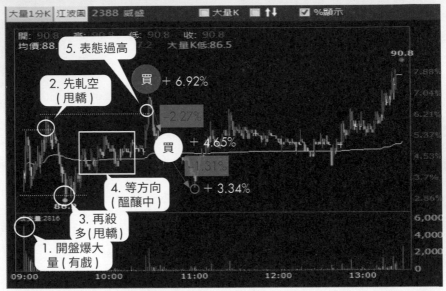

看到開盤爆大量了（1），又看到早盤先拉抬軋空（2），接著再下殺破底殺多（3），
把一早就進場的多空雙方都甩轎出場了，並開始在「均價線」上下重新醞釀新方
向（4），直到多方表態帶量突破今高表態（5）。

來源：獵股快手

　　當看到上圖這樣的機會出現在眼前，方向是明確了，但卻追突
破在「紅圈」買進去，就很容易買在短線高點，一回檔就得忍受賠
3.58%（6.92% － 3.34%）的浮動虧損，試想自己能否承受這樣的回
檔幅度？

　　如果調整成拉回均價線時在「黃圈」買進，也都還要再忍受賠
1.31%（4.65% － 3.34%）跌破均價線後的假跌破段，但相較在紅圈

處買進的人來說,同樣的損失幅度,等拉回在黃圈買進的人有更大的底氣跟機會驗證等待多頭的回神(就算把停損點設在前低,損失都未必比買在高點來得多)。

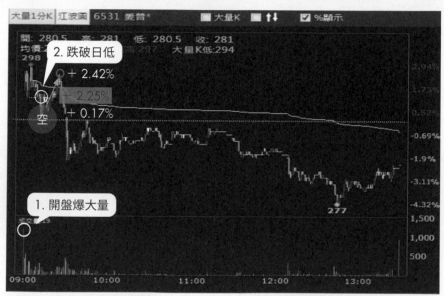

趨勢看空 但等反彈再進場

一開盤爆量(1)出現震盪後,下殺破當日低(2),在「綠圈」追空的人,當價格反彈過「均價線」後會擔心是否又要過早高,因為進場的價格沒有優勢,想要堅持抱單就會比較困難;反觀看空但等反彈才進場的話,就能擁有「價格優勢」,就算看錯虧損也相對低。

來源:獵股快手

從上面 2 個例子可以發現,任何一個追漲殺跌的進場,縱使一開始方向就看對了,可能因為進場價格不具優勢,進場後最少都要承受

2% 以上的虧損，心態上對於價格震盪的波動忍受度也會變低，就算最後看對也可能在前期因為抱不住單，先面臨提早停損出場。

6-5

贏家的最後一哩路

▶▷ 違約交割（下單部位）

如果你能看到這裡，代表真的是想把「交易」當作一番事業的人。因為很重要，所以這裡再次強調！

多數會選擇「當沖」的人，通常是本金較少、想用「高周轉」的方式快速累積獲利；或是不希望承受隔夜跳空風險的族群。但因為當沖週期短，相較波段來說「價差」的空間自然小，所以每一筆的獲利金額感覺較少，有些人會覺得這樣賺得太少太慢，而想透過盤中一次放大部位（重倉）來達成「想要」的獲利金額，反正只要當天能「反向沖銷」就好。

如前章節 1-4 所述，如果稍不留意做多被鎖到跌停板、放空被鎖上漲停板卻來不及出場，一旦放大的「下單額度」超過自己實際能交割的本金，在資金無法準時到位的狀況下就直接違約陣亡了。所以即便是要當沖，小畢建議**下單金額還是要以自己能承受的風險（能夠交割）為主，千萬別過度放大槓桿而輕忽了！**

▶▶不順就下小（金額、次數） 甚至停單

如果把交易當作是長期事業，在整個漫長的交易生涯中，是不太可能確保每天都順風順水的。過程中總會碰到市場慣性改變或其他因素加入，導致原先可行的策略跟績效出現盤整、甚至回落⋯⋯對於想在股市賺錢的人（尤其是希望當沖天天都要有收入的人），會是一個很大的考驗，畢竟多數短線交易人的心理狀態會像下面這樣：

1. 初始想法是：「沒下單就沒有賺錢的機會。」

2. 由此而形成：「沒機會卻硬去下單！」

3. 結果就變成：「沒賺到錢反而賠了不少！」

4. 這樣持續不順、無法提升績效的結果，往往會讓人更執著地想從中證明自己，而又「反覆」下單、甚至「重倉」下單。

不可否認小畢剛開始交易的時候，自己也經歷過這樣的狀態。縱使當時已經每個月都可以獲利了，但每天的行情還是有大有小，碰到當天是小波動時也會心想：都坐在電腦前這麼久了，而且每天能賺錢的機會也就開盤這 4 ～ 5 小時，看著眼前的波動不斷出現，要是都沒出手不是很可惜？

但每每硬是下單後發現，這些不是自己策略或預期的買賣行為，換來的大多是偷雞不著蝕把米的結果；就算賺到了幾次，沒多久依然會吐還給市場。於是接下來又要更保守、更謹慎選擇、花更多時間跟心力⋯⋯把這些不在預期內的虧損先賺回來，逐步恢復原先的交易步調，

只能說事倍功半又傷神。

當經驗不斷累積就會發現，有時讓績效提升，並不需要你多做了些什麼，只要釐清每個當下是否對策略的執行更有利？不利就減少或縮小下單量（次數）；甚至很不好的機會就乾脆不要出手、減少失敗的機率，讓原本會賠的變不賠。光能做到這樣，相信績效曲線就可以大幅提升了。

對某些人來說，要做到「**不出手**」的確很難，畢竟能夠克制不出手，除了歸功「紀律」外，也要「信念」的支持。或許你也可以統計自己在這樣的狀況下出手，對自己長遠的績效是加分？還是扣分？如果已知長期統計的結果是會**破壞**績效成長，你依然會選擇盲目出手「讓績效下滑」嗎？

▶▷ 維持心態穩定

大家都知道在交易的過程中，保持「心情穩定」是很重要的。相信大家也都能明白，幾乎不曾聽過有人可以慌慌張張、心隨境轉，卻能長期在市場上生存下來。

「價格」漲跌會讓人產生「**貪婪**」跟「**恐懼**」的感受，但只要在股海的一天，這 2 種感受就會一直如影隨形地跟隨我們，讓心情呈現不同程度的動盪……那要怎樣才能克服、不受影響呢？

每個人對金錢的態度跟觀感都不一樣，自然對於資產的損益所造成的感受及反應也不相同。例如我們可以看到周圍有些人，對口袋遺失

5,000 元這件事會有不同的反應，或許有人覺得掉了就算了，但或許也有身價上千萬的人會悶悶不樂一整天。

回到交易來說，「自己」對於金錢的反應是什麼？只有自己最清楚。而我們要怎麼跟自己這種心理的波動相處，在交易賺賺賠賠的過程中，依然保持心態的穩定，理性地執行原定計劃跟策略，就顯得很重要了。

正因所謂的大賠、小賠，在每個人、每階段都可能會有不一樣的定義跟感受，所以交易過程要時時「**覺知**」自己的心理狀態，因時制宜。

小畢記得一開始當沖時，先給自己設定的目標是每天賺 1,000 ～ 2,000 元就收手下班，如果當天先賠到 5,000 元就要立刻「停單」下班。因為對當時小畢的「獲利能力」來說，賠到 5,000 元會開始有些心理壓力，以當時的長期統計來看，如果還繼續下單，當天收盤通常都是賠更多收場，惡性循環下還會影響往後 2 ～ 3 天的交易狀態。所以每當達到虧損 5,000 元時，縱使心理再有不甘也會強迫自己停手，如此才能保證績效曲線不致「跳水」，「心態」也不至於崩壞。**對於一位交易者來說，心態的崩壞跳水，遠比績效跳水來得損失慘重及嚴重！**

當獲利慢慢累積一陣子後，開始調整日虧損的額度可以達萬元，因為當時每天大約可以有 5,000 ～ 10,000 元的獲利能力，也能適時調適「貪與恐」的心態。時至今日，即便發生 6 位數字的虧損也不至於對自己的交易造成過大的壓力，小畢相信這個金額的上限，每隔一陣子都會

自然地慢慢提高。

會這樣的原因是，在一路交易成長的過程中，小畢知道自己身上所具備的並不是學到了多少賺錢的秘法或聖杯；而是清楚知道自己擁有了能夠調適心態的能力，以及一個能「自己」從市場尋找獲利機會、從無到有的經營之道。如同當初自由人堯勳哥跟我說的：「給我 5 萬元，一陣子我依然會從市場翻出 10 倍、100 倍、1,000 倍的獲利！」（心態穩定的「因」，再配合努力在對的方向，自然有機會產生獲利的「果」。）

在分享交易心得的這幾年間，小畢也曾看過不少資產雄厚的人，剛開始學習當沖就大進大出，每天都是幾十、上百萬的輸贏金額，對於用「1」張開始練習嗤之以鼻，想法大多是：「下那麼少？就算賺了 100% 也『沒感覺』！」寧可繼續選擇大進大出。

檢視這些「感覺」，通常都是在進場前帶著「貪婪感」，下單後又被價格波動勾起的「恐懼感」牽著走……縱使有千萬資金，通常不用多久看到的結果都是鎩羽而歸、退出市場！因為畢竟能否獲利，只跟你長期的「**期望值是否為正**」有關，而不是有多少本金，因為億萬富翁一旦用輸家的方式下單，多數的結果也不會是贏家的結局。

有很多錢作為後盾固然是贏在起跑點，善用的話可以透過資金分配，讓自己在交易上更具優勢，因為心理壓力較低更能專注在**執行對的決策跟動作上**；但若讓自己的心境陷入跟沒有資金後盾的人一樣有高度

壓力，就等於是拿了一手好牌，卻讓自己給打壞了，實在可惜。（一旦「重倉」，原本的心理優勢就會消失，原本具有優勢的交易，最後只會變成莽撞交易！）

▶▷ 我就不比別人差

每個人在市場下單的那一刻，絕對不會認為自己是「錯的」，否則還下單不就傻了？

人外有人、天外有天，在這市場上一天能賺幾千萬上億的大有人在，也不乏願意分享的人。若干年前，當時小畢還在一天賺 2,000 元的階段，在一次跟高手的交流對話如下：

高手 「今天超驚險，看到行情來我選擇權瞬間買了 180 口的買權（Call）看漲！」

畢 「瞬間 180 口！怎麼買這麼多？」

高手 「行情來我就買買買，不知不覺就買這麼多，我自己都嚇一跳！」

畢 「那你怎麼處理？」

高手 「當然快賣啊！立刻賣光！」

畢 「結果如何？」

高手 「賺了 3 萬多！」

畢 「哇賽！一筆交易賺 3 萬元！花了多久時間？」

高手 「進場到出場，總共 15 秒。」

　　高手花了 15 秒，可以賺進 3 萬多元，而且也跟小畢分享過程，小畢應該都聽懂了，心想自己的反應也算快，悟性也不差吧，既然有人可以做到，我也一定沒問題的！於是隔天就學有所用，直接想如法炮製下場淘金！

　　當天小畢的「戰果」如下……

快速模仿高手的結果

	約當臺幣合計
匯 率	
	============
1.帳戶昨日餘額	(184635.00)
2a.本日存提金額	0.00
2b.本日利差調整	0.00
2c.本日權益調整	0.00
3a.權 利 金	-39900.00
3b.平 倉 損 益	0.00
3c.到期履約損益	11000.00
3d.預 扣 款	0
4a.手 續 費	-5916.00
4b.營 業 稅	0.00
4c.期 交 稅	-990.00
5.帳 戶 餘 額	(148829.00) ◄
6. 未平倉損益	0.00

小畢多年前失敗的對帳單，模仿高手當沖，就虧了：35,806（148,829 –184,635）元。
時間僅僅花了 18 秒！

是的，你沒有看錯！小畢只多用了 3 秒平倉出場，差別是：人家高手賺了 3 萬元，小畢卻虧 3.5 萬元！（當然那天也就立刻停單了）

時至今日，小畢還是一直留存這張對帳單，用意也是一直自我警惕：任何賺錢的方法都可以聽、可以學，但是如果只想要 100% 的模仿他人，那就得多想想了，畢竟在交易上的方法可能易學易懂，但交易心態卻難明，而且在短線交易的過程只要進出時間差那麼一點，結果就可能天差地遠了，所以交易最後還是得回歸到「自己」。我擅長什麼？我不善於什麼？我的能力可以做到哪裡？只有自己才能最確切清楚掌握。

在交易中也不是在跟別人比較，真正可以比較的就是**自己**：這次有沒有比上一次少犯個錯，這個月有沒有比上個月多進步哪裡？交易也不能只是一味模仿，因為每個人都有各自的優勢跟劣勢，如何找出並善用「自己」的優勢，避免自己錯誤的習慣再次出現，這樣就會在不斷成長的路途上了（**當一直汲汲營營在外頭尋找聖杯時，最後會發現其實真正的寶藏在自己身上**）。

▶▶策略與商品的適用性

任何一個策略都無法保證永遠有效，如同各種生意都一樣，當時代改變、環境改變、萬物皆在變化的同時，很多舊有的生意模式會沒落，新的賺錢模式取而代之竄起。

如同 2019 年 COVID-19 疫情爆發，很多傳統店面生意關閉，甚至很多國際大品牌的旗艦店面也難逃歇業的命運，取而代之的就是網路相關的生意模式，可以說傳統店面的經營方式是錯誤嗎？絕對不是，因為廣開旗艦店增加品牌曝光是疫情前的主流生意模式，確實也讓他們賺進不少獲利，只是突然間出現的疫情改變了世界的消費習慣，不用 3 年的時間一切就瞬間不一樣了。而在任何環境改變的同時，我們是否能夠即早發現這些轉變，發現並掌握新的契機呢？

追蹤自己的**策略曲線**或**交易模式**是重要的，如果不能當個先知先覺者，至少也要在市場開始轉變時，就要能即時掌握自己正處於什麼狀況中，例如從一個原本賺錢的策略中發現績效慢慢回落，如果超出正常的回落值，就需要去追蹤發生的原因，是市場改變？制度改變？參與者改變？還是……我自己改變？否則連現狀都不清不楚，很難期待未來能有好的結果。

而績效的回落或許也代表著：原本的獲利是跑到跟我們策略和思考邏輯相反的對手身上，多觀察並**反向思考**，或許也能找到新的生意契機、發現新的交易機會。

▶▶變與不變？以不變應萬變！

夏天是很多冰品店的旺季，很多冰店一到酷熱的夏季店門口自然就會出現大排長龍的吃冰消暑人潮，可想而知業績自然也會大幅成

長，但是當天氣逐漸轉涼，冰品業績開始下滑，這時店家不會認為是口味不符合大眾而想朝改「冰品」的口味來著手，反倒是天氣逐漸變涼，改推出燒仙草、熱豆花、熱飲……適合寒冷天氣的商品，來彌補冬天冰品業績的缺口。

如果對自己的策略邏輯夠清楚，你可能會發現某些時候它不靈了，這很正常，因為當下的市場波動就是轉成不利於這個策略邏輯的運作，所以虧損是必然的結果。

有些人在策略一虧損後會很急著想馬上修改邏輯，調整策略、最佳化參數……這樣很容易天天都在修改策略的內容。

反之，如果你很清楚知道自己的策略，在什麼樣的行情下能擁有優勢、什麼時候會遭遇到績效回檔，當策略逆風的週期出現時或許什麼也不用動，只需要「等待」，等待市場的波動循環重新回到適合這個策略的週期它又能開始獲利了。

以小畢來說要是沒有特殊原因，通常會採用低度運作（縮單、減倉）的方式持續追蹤行情變化，等到行情回來後再重新慢慢恢復出手規模，總之目標就是要「活著」度過策略低潮期，等待直到行情跟績效反轉時。當然這一切都還是要建構在能維持長期「正期望值」的策略邏輯跟想法上；至於面對現階段逆風的環境下，或許可以重新觀察新的行情慣性並建立新的交易策略來因應，而不是一直在改變原來的邏輯。

　　小畢透過自己執行的其中一個當沖策略來跟大家分享，這個策略每筆的下單額度定在 100 萬元，先直接用上帝視角看到最後的結果，是「賺錢」的，但是每個區段間各經歷了什麼變化？

來源：XQ 全球贏家

　　當開發出一個策略以後，在過去長達 2 年的「時間區段（1）（2019/10/1 ～ 2021/9/30）」回測後發現績效能夠穩定成長，獲

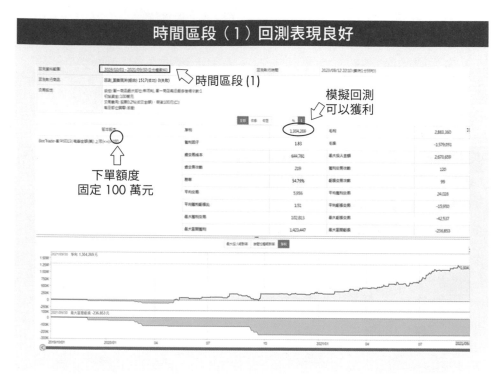

時間區段（1）回測表現良好

來源：XQ 全球贏家

利也還不錯有 130 萬元，於是隔天就信心滿滿的實際下單操作。

但不巧這時剛好就遇到行情轉變的「時間區段（2）（2021/10/1～2022/3/31）」讓策略處在逆風期，導致接下來的虧損金額最高會達到 53 萬元、虧損時間長達 6 個月，這段漫長的時間除了讓交易者的心理要承受帳戶不斷虧損的壓力外，長達 6 個月的時間難以保證在逆風期結束前不會直接放棄這個策略（方法），又去尋找下一個聖杯！

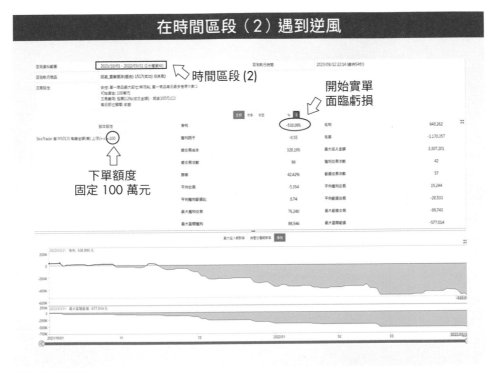

在時間區段（2）遇到逆風

時間區段 (2)

開始實單
面臨虧損

下單額度
固定 100 萬元

來源：XQ 全球贏家

　　以上帝視角來看，大家可以很清楚知道接下來發生什麼事情，因為接下來的「時間區段（3）（2022/4/1～2023/8/12）」行情會恢復到策略的順風期，除了能把之前虧的 53 萬元賺回外，甚至還多賺 75 萬元，讓策略績效再創新高！如果之前因為信心不足放棄這個策略的人，很可能就無法參與這段績效的回升期，賺都賺不到，賠都賠滿了，實在讓人懊惱！

　　當然所謂的「不變」也不代表是要執意的跟行情硬拚凹到底，畢

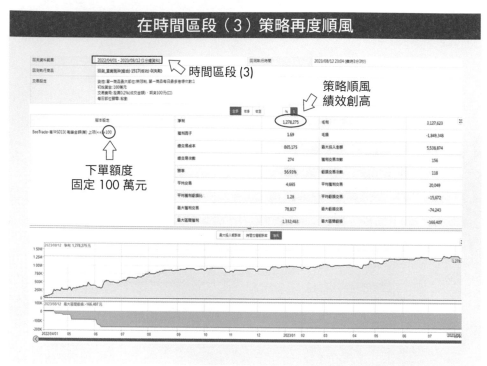

來源：XQ 全球贏家

竟行情永遠是對的，任何的逆風行情也沒有任何人知道將要走多久，所以即便在維持一致的操作下，「**風險管控**」還是必須得審慎考量而不可輕忽的。

▶▶勇於接受結果

大多數的人都有被行情激怒的經驗，不外乎行情沒有照自己的操作方向走而發生虧損，接下來就做出一連串**跟自己過不去**的交易行

為。小畢當然也曾經有過，但每每事後總會覺得對不起自己的荷包，透過向內覺知後小畢發現根源就是自己的「包容心」太小，無法接納跟自己意識相左的其他可能性，一旦是這樣的狀態，在交易上通常會感到辛苦跟痛苦，因為只有全然接受交易的全貌（包含：獲利、虧損、獲利回吐）、認清交易的本質、對自己的所有決策負責，並在錯誤後尋找解決之道，這樣才是比較積極的行為。

賺錢是所有人的目標，但金融市場沒什麼新鮮事，要接受「**無常**」才是真正的常態，行情很多時候不會照著我們的意思發展，但是無論它怎麼走、對我們的部位造成什麼影響，我們都得接受，否則只有苦了自己的心，一次又一次的影響下一次的交易情緒！

▶▷謙卑而行

在金融市場中一定要抱持著「**謙卑**」的態度而行，如臨深淵、步步為營，在這資金洪流的市場中，透過「**自我覺知**」的過程，依照自己的能力圈，找出可行的經營方向。

但也一定要謹記，交易就如同做生意，既然是生意，就沒有保證輕鬆保證賺的，而當沖又屬於「最難、最高門檻」的生意範疇，如果決定還是要嘗試，一定要先做好風險控管，不要因過度曝險而受重傷，因為即便當沖不成功，轉個彎依然還有很多不同的賺錢方式，值得我們嘗試並實現夢想！

AI 小畢繪圖創作

風、林、火、山

「該怎麼做好交易！」對小飯糰來說簡而言之就是 4 個字：「風、林、火、山」這也是小畢的座右銘之一

1. 疾如【風】：看到飼養員可能要餵食就即刻觀察。
2. 徐如【林】：發現人家沒要餵食就保持距離別纏著他。
3. 侵略如【火】：真的看到大餐擺好就要快速搶食。
4. 不動如【山】：沒有搶到或是不合胃口就坐著等下一餐別硬吃。

來源：小畢與 AI（Microsoft Bing Designer）共同創作

小畢交易座右銘

如果說在金融市場交易就像身處戰場，當沖就像是近身肉搏戰！即便是短兵相接，依然也要為長遠的目標而戰，而不是只有眼前這場廝殺。

小畢打從 2008 年開始交易的時候，就對一段話特別有感覺，在此跟各位分享：**深挖洞、廣積糧、高築牆、緩稱王**。

這是明太祖朱元璋，在元末各地起義時定出的政策，小畢覺得這非常符合交易的過程，所以一直用來作為自己的座右銘。

深挖洞：培養穩定的交易心態

廣積糧：累積足夠的交易資本

高築牆：建立深厚的交易信心

緩稱王：達到最後的財務自由

很多人在交易上遲遲無法成功，其實就像在群雄四起的混亂年代中一個胸懷雄心壯志的義士，在自己尚未準備周全

時，就一心大肆敲鑼打鼓揭竿起義，想推翻迂腐的暴政（現狀），創造另一個期待中美滿和諧的新社會。

這樣的願景當然美好，但最後結果想當然爾，哪怕再大的雄心壯志，打從揭竿起義的當下，就知道空有雄心壯志罷了，這樣能成功是不可能的！

把同樣的道理放在交易上，成功的順序大致會是：深挖洞 → 廣積糧 → 高築牆 → 緩稱王。

前 3 項只是「最基本」的條件，就算都具備也未必能稱王，更何況很多壯士，一開始只是帶著鋼盔就直接向前「衝衝衝」！只想「插旗稱王」而不顧一切，這樣失敗陣亡的機率絕對是非常高的。

大家交易無非是要讓自己變得更好、改善生活品質。時時覺知自己的起心動念、穩定心性並時時檢視自己的交易行為，千萬不要跟自己的「初衷」過意不去，至於結果，盡己之力、自在以對，與大家共勉之！

祝福大家都能找到適合自己的生意模式，也祝大家都能：

穩穩賺！慢慢賺！

持續累積獲利，讓生活更美麗！

附錄

讓順流小畢—獵股快手
助你當沖順利！

小畢結合 27 年程式開發經驗、13 年投資交易精華以及 5 年血淚黃金歲月集合而成「職業當沖操盤手御用－**獵股快手**」！

獵股快手 PC 版

- 職業操盤手御用
- 即時選股軟體
- 極速選出當日行情標的完美監控不費力
- 獵股快手帶你成為短線交易的頂尖贏家

獨家功能：快股狙擊鏡

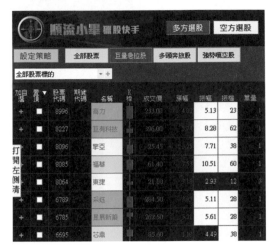

- 在極短時間內找出自己擅長操作的個股型態
- 運用小畢 3 策略：
  - ．巨量急拉股
  - ．多頭奔放股
  - ．強勢嘎空股
- 還能套用多空雙篩不同模式

自訂交易策略

- 多元客製快篩策略，為自己量身打造獨一無二的交易策略

獨家功能：主力定位儀

- 超清晰顯示主力成本壓力
- 高速判斷爆量 1 分 K 和主力的關係
- 進一步解讀主力意圖找出支撐與壓力

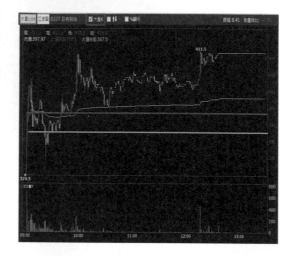

獨家功能：五檔明細信號彈

- 超詳細五檔一眼看穿主力陷阱
- 讓你即時看出主力掛單、抽單陷阱；大戶偷吃貨、倒貨。
  從此不再被吃豆腐！

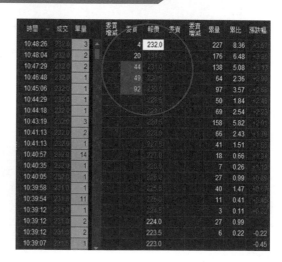

獨家功能：狙擊價位標靶

- 超精準列出主力狙擊散戶價位
- 讓你一眼看出主力布局的關鍵價位
- 亦可自行新增觀察特殊價位

獵股快手 App 版

- 獨家「多空三大策略」
- 順勢交易就能輕鬆獲利
- 運用量價關係抓出趨勢
- 掌握今日資金流動方向
- 就算新手也可一秒選出行情標的

關鍵價位提示線

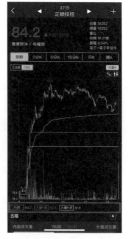

- 均價線、大量 K 線高、大量 K 線低，幫你抓出關鍵價位
- 1 秒判斷「主力撐壓、買賣訊號」
- 有效抓出當日黃金點位！

市場唯一！當沖專用 App

- 每日操盤提示，讓操作更有方向
- 高達 29 種篩選條件，量身打造高勝率策略
- 專為當沖存在，大盤漲跌都能掌握獲利機會

順流小畢－當沖即時選股 PC、獵股快手 App

獵股快手 App 版

獵股快手 PC 版

【影音課程】跟著順流小畢學當沖，策略 + SOP 贏在起跑點

影音課程

當沖畢勝啟示路

從菜雞到常勝軍 連贏 70 個月！超完備當沖指南

作者：順流小畢

總編輯：張國蓮
副總編輯：李文瑜
責任編輯：周大為
美術設計：陳達勳
封面攝影：張家禎

董事長：李岳能
發行：金尉股份有限公司
地址：新北市板橋區文化路一段 268 號 20 樓之 2
傳真：02-2258-5366
讀者信箱：moneyservice@cmoney.com.tw
網址：money.cmoney.tw
客服 Line@：@m22585366

製版印刷：緯峰印刷股份有限公司
總經銷：聯合發行股份有限公司

初版 1 刷：2024 年 2 月
初版 6 刷：2024 年 6 月

定價：480 元

國家圖書館出版品預行編目（CIP）資料

當沖畢勝啟示路：從菜雞到常勝軍連贏 70 個月！超
完備當沖指南 / 順流小畢著 . -- 初版 . -- 新北市：金尉
股份有限公司 , 2024.02
　　面；　公分
ISBN 978-626-98240-2-1(平裝)

1.CST: 股票投資 2.CST: 投資技術 3.CST: 投資分析

563.53　　　　　　　　　　113001117

Money錢

Money錢